Der Weg zum Zustand ohne Tod

Der Weg zum Zustand ohne Tod

und die vielen Vorteile, die er mit sich bringt

Eric Dowsett

ISBN-13: 978-0-6482706-3-8
Ebook: 978-0-6482706-4-5

Original in Englisch
Titel: In Search of the Death-Less State

Erste Auflage

Satz und Gestaltung: Patricia Wallenburg
Umschlagbild und Übersetzung: Steffi Schott

Inhalte

Die vielen Vorteile, die dieser Weg bringt …

Einführung: Unsere Reise

Eine Reise hin zum Verständnis unseres Lebens, unsere Reise aus einer anderen Perspektive.

Bevor ich beginne, möchte ich sichergehen, dass du, der Leser, verstehst, dass dies meine Geschichte ist, meine Reise. Sie kann deine Geschichte widerspiegeln oder auch nicht, sie kann für dich Sinn ergeben oder auch nicht. Vor allem erhebe ich keinen Anspruch darauf, dass alles so ist, wie dargestellt. Dies ist meine Erfahrung, meine Reise, gesehen durch meine Augen.

Von Buddha wird berichtet, dass er jede seiner Predigten mit den Worten begann "So habe ich gehört" und damit keinen Anspruch auf Wahrheit erhob. Ich tue das Gleiche und erinnere dich möglicherweise am Anfang jedes Absatzes daran.

Ich beziehe mich oft auf die Lehren des Buddha, obwohl ich so gut wie keine formale Ausbildung in Buddhismus genossen habe. Ich habe zwar viel gelesen und mich seit vielen Jahren für diese Lehren interessiert, aber ich habe bei keinem Lehrer gelernt. Mein Verständnis der Lehre, das ich in diesem Buch vermittle, basiert auf persönlichen Erkenntnissen, die durch die Praxis des "Clearing" entstanden sind.

Für Uneingeweihte ist "Clearing" eine Praxis der Akzeptanz. Es beginnt mit der Akzeptanz von verschiedenen Gefühlen, die wir in unserem Körper wahrnehmen. Wenn wir zum ersten Mal "Clearing" praktizieren, glauben wir, dass wir einen anderen "clearen". Wenn wir uns dafür öffnen, Veränderungen am Körper zu bemerken, die das Ergebnis der "Verbindung" mit einem anderen zu sein scheinen, beginnen wir zu erkennen, dass dieses "Gefühl" durch die Verbindung mit einem anderen entsteht, sobald unsere Aufmerksamkeit auf einen anderen gerichtet ist. Physiologisch gesehen verändert sich etwas im Körper. Das hilft uns, das Gefühl objektiver zu betrachten und es nicht persönlich zu nehmen.

Wir lernen, das Gefühl nicht zu beurteilen, ihm keine Schuld zuzuweisen und vor allem das Gefühl nicht persönlich zu nehmen. Wenn wir aufhören, dem Gefühl Energie zu geben, geht es schnell durch den Körper. Mit genügend Übung gewöhnt sich unser Körper an ein viel breiteres Spektrum von Gefühlen. Er beginnt, sich mit all diesen Gefühlen sicher zu fühlen und ist schließlich, mit genügend Übung, in der Lage, alle Gefühle einfach anzuerkennen, ohne sich mit ihnen zu identifizieren.

Das kann den Eindruck erwecken, dass du zu einem Zombie geworden bist. Das ist natürlich nicht der Fall, aber es bedeutet, dass du in der Lage bist, eine breite Palette von Gefühlen zu erleben, ohne dich in ihnen zu verlieren. Es bedeutet, dass du ein offenes, furchtloses und mitfühlendes Herz hast und nicht länger ein Opfer vergangener Konditionierungen bist.

Die vielen Vorteile dieser Lebensweise lassen sich größtenteils nur dann wirklich verstehen, wenn du den Weg gehst und für dich selbst herausfindest, was ein Leben ohne die Kontrolle durch alte, unbewusste Konditionierungen bedeutet.

Ich bin allerdings schon seit vielen Jahren auf diesem Weg und habe eine unglaubliche Bandbreite an Emotionen und Gefühlen akzeptiert und angenommen. Wie sich das auf meine Sicht des Lebens, meine Wahrnehmungen und Überzeugungen ausgewirkt hat, werde ich später in diesem Buch erklären.

Viele Punkte, die in diesem Buch angesprochen werden, wiederholen sich, oft sogar mehrmals. Oftmals werden sie aus einem etwas anderen Blickwinkel betrachtet. Es gibt einen Grund für diese Wiederholungen. Wenn uns ein neues Konzept vorgestellt wird, kann es sein, dass wir es nicht so leicht akzeptieren oder verinnerlichen. Wiederholungen verstärken die neue Sichtweise, sodass sie leichter akzeptiert und verstanden werden kann.

Um zu beginnen

So habe ich es gehört/gelesen/erlebt.

Um auch nur ansatzweise zu verstehen, warum jemand den todeslosen Zustand erleben möchte, müssen wir die Reise von Gautama Siddhartha, der später als Buddha, der Erleuchtete, bekannt wurde, ein wenig verstehen.

Ich erhebe keinen Anspruch auf Genauigkeit, sondern erzähle nur, woran ich mich erinnere. (Ich entschuldige mich bei anderen Buddhismus-Schülern, die die Dinge vielleicht anders verstehen, aber ich schreibe hier für Laien, die mit diesen Lehren vielleicht nicht in Berührung gekommen sind.)

Bevor Gautama in eine königliche Familie hineingeboren wurde, wurde vorausgesagt, dass er ein Anführer der Menschen sein würde. Sein Vater, der König, wollte ihn vor dieser Zukunft schützen und baute deshalb einen Palast mit großen Mauern. Der kleine Prinz Gautama wurde sicher innerhalb dieser Mauern aufgezogen, versteckt vor dem Leben außerhalb des Palastes.

Herangewachsen zu einem jungen Mann, verheiratet und Vater eines Sohnes, muss er neugierig gewesen sein: "Was ist auf der anderen Seite der Palastmauer?" Er hatte die Geräusche der Welt draußen gehört und beschloss eines Tages, es selbst zu erleben. In Begleitung eines Freundes verließ er verkleidet den Palast. Es muss ein ziemlicher Schock gewesen sein, die Welt draußen war ganz anders als die Welt im Inneren des Palastes.

Im Palast war das Leben bequem, er konnte über alle guten Dinge des Lebens verfügen. Doch draußen erlebte er Alter, Krankheit und Tod, Dinge, vor denen er vorher geschützt war. Der junge Prinz war verunsichert, öffnete seine Augen für eine andere Realität und wollte verstehen, was geschieht, und suchte nach einem Weg aus dem Leid, das er unter den Menschen sah.

Zurückgekehrt in den Palast, konnte er sich nicht mehr mit seinem Luxusleben abfinden und beschloss, den Palast zu verlassen, um mehr zu lernen und den Prozess des Lebens, des Alterns und des Todes besser zu verstehen.

So begann eine Reise, die schließlich zu seinem erleuchteten Zustand führte, oder, wie der Titel dieses Buches sagt, zum Zustand ohne Tod.

Kurz gesagt, folgte unser junger Prinz zunächst anderen Asketen, die behaupteten, dass sie nach demselben Ziel suchten. Dies war ein einfaches Leben, ein Leben der Verweigerung von Vergnügungen und bequemem Leben. Den Erzählungen zufolge probierte er viele Aspekte dieser Wege aus und ging schließlich bis zum Extrem der Selbstverleugnung. Er muss erkannt haben, dass niemand auf diesem Weg den todeslosen Zustand erreicht hatte, also gab er ihn auf und kehrte zu einem bequemeren Leben zurück. Aber auch dieses "bequeme" Leben bot keine Antworten und kein wahres Verständnis, was ihn zu dem führte, was heute im Buddhismus als "mittlerer Weg" bekannt ist.

Diese Haltung liess ihn in Meditation sitzen, entschlossen, sich nicht zu bewegen, bis er einen erleuchteten Zustand erreicht hatte. Und so erlangte er, nachdem er längere Zeit in einem tiefen meditativen Zustand verbrachte und alle Illusionen von Angst, Begierde, Zorn und Schuld, die Mara, der Gott der Illusion, vor ihm aufstellen konnte, durchlaufen hatte, sein Ziel, das Nirvana. Er hatte die illusorische Natur der Welt durchschritten, um der Buddha, der Erleuchtete, zu werden.

Seine Reise ging weiter, indem er seine Erkenntnisse mit denen teilte, die zuhören wollten.

Clearing: Eine Einführung

Da ich in diesem Buch oft auf diesen Prozess Bezug nehmen werde, hier eine kurze Einführung für diejenigen unter euch, die mit diesem Ansatz zur Arbeit mit Energien, ob persönlich oder in der Umwelt, nicht vertraut sind.

Clearing ist ursprünglich aus der Arbeit mit Umweltenergien entstanden, und zwar nicht mit den üblichen Energien, die wir mit der Umwelt in Verbindung bringen, sondern mit einem viel umfassenderen Ansatz. Dazu gehören unter anderem Erdenergien wie das Erdmagnetfeld, natürlich vorkommendes unterirdisches Wasser, geologische Störungen, extrem niederfrequente elektromagnetische Felder einschließlich Mikrowellenstrahlung, starke Emotionen, die als Ladung in einer Umgebung zurückbleiben können, das Metaphysische. All diese Faktoren wirken sich mehr oder weniger stark auf die Bewohner eines Raums aus.

Ausgehend von der Arbeit mit Umweltenergien war es ein logischer Schritt, auch mit Einzelpersonen zu arbeiten. Im Laufe der Jahre, in denen ich diesen Ansatz praktiziere, wurde mir klar, dass die

Umwelt uns auf oft unbewusste oder unsichtbare Weise beeinflusst, ebenso wie wir die Umwelt beeinflussen. Das eine kann ein Spiegel des anderen sein. Die Herausforderung besteht darin, dass der Spiegel ein wenig getrübt ist, und zwar durch das, was Carl Jung den Schatten nennt.

Im Wesentlichen geht es beim "Clearing" darum, zu bemerken, wie der Körper auf jede Energieveränderung reagiert. Sei es in einem Raum oder in der Gesellschaft einer Person. Wenn wir in Ruhe wahrnehmen können, wie sich der Körper zu einem bestimmten Zeitpunkt fühlt, können wir die Fähigkeit entwickeln, uns bewusster zu machen, wie sich der Körper durch verschiedene Menschen oder Umgebungen verändert.

Diese Praxis fordert uns auf, still und leise zu sein und zu bemerken, was im Körper passiert. Wir beginnen mit den "Gefühlen", entweder körperlich oder emotional. Sobald wir eine Basislinie haben, können wir jede Veränderung im Körper wahrnehmen. Die meisten von uns sind zu beschäftigt, zu sehr mit der Vergangenheit oder der Zukunft beschäftigt, um überhaupt etwas zu bemerken. Das, was wir wahrnehmen, sind oft die stärkeren, d.h. intensiveren Gefühle/ Emotionen. Wenn wir diese starken Gefühle oder Emotionen erleben, ist die Wahrscheinlichkeit groß, dass wir uns mit ihnen identifizieren. Ich fühle dies. Ich fühle das usw.

Das ist das Muster, in das die meisten von uns verfallen: Wir identifizieren uns mit dem Gefühl, und wenn wir uns mit einem Gefühl identifizieren, gibt das dem Gefühl Energie und verstärkt es noch. Unser konditionierter Verstand ist so daran gewöhnt, alle Gefühle persönlich zu nehmen, dass wir nie die Chance haben, darüber nachzudenken, dass diese Gefühle vielleicht gar nicht zu uns gehören.

Wenn wir uns in einem Zustand der Ruhe befinden und sich entweder die Umweltbedingungen ändern oder eine andere Person den Raum betritt, können wir die Veränderung in unserem Körper wahrnehmen. Diese Veränderung ist, einfach ausgedrückt, das Ergebnis einer anderen Chemikalie, die in die Zellen des Körpers gelangt.

Ich vermute, dass diese "Chemikalien" ihren Ursprung im Gehirn haben und das Ergebnis des Feuerns bestimmter Neuronen sind. Die Neuropeptide, wie sie genannt werden (verzeih mir mein mangelndes Wissen über Biologie), werden durch den Hypothalamus verarbeitet und in Aminosäuren umgewandelt, die, wie ich weiß, die Bausteine des Lebens sind (Dr. Bruce Lipton). Diese Aminosäuren, auch "Chemikalien" genannt, wandern dann durch den Körper und gelangen in die verschiedenen Zellen.

Dies wird dann als Gefühl oder Emotion interpretiert. Clearing hilft uns zu erkennen, dass die Veränderungen im Körper, die durch Umstände "außerhalb des Körpers" hervorgerufen werden, nicht etwas sind, das uns "gehört", sondern einfach etwas ist, das wir wahrnehmen.

Wenn wir uns andauernd mit dem Gefühl identifizieren, geben wir im Grunde diesem Gefühl Energie, und so erscheint es, als gehöre es uns. Wenn wir zu uns sagen können: "Das ist das Gefühl von ...", erzeugen wir nicht noch mehr Chemikalien, die sonst aufgrund der Intensität des Gefühls den Eindruck erwecken würden, dass es "unser" Gefühl ist.

Mit der Zeit und viel Übung gewöhnt sich der Körper daran, Veränderungen einfach nur wahrzunehmen und sich nicht mehr mit den vielen Gefühlen zu identifizieren, die im Laufe des Tages durch das Bewusstsein gehen. Dadurch kann der Körper viele Gefühle erleben, die sonst bewertet und identifiziert werden würden. Je breiter das Spektrum der Gefühle ist, die wir erleben können, ohne ihnen mehr Energie zu geben, desto sicherer werden wir mit diesen Gefühlen. Das heißt, wenn wir sie nicht mehr persönlich nehmen, kontrollieren sie unser Leben nicht mehr, wenn auch auf einer unbewussten Ebene.

Dadurch verlieren viele der verborgenen Gefühle, die Jung'schen Schatten, ihre Intensität und wir können uns von einer konditionierten Vergangenheit befreien, von der wir nicht einmal wussten, dass wir sie haben.

Das ist wichtig, wenn wir uns aus einer konditionierten Vergangenheit in eine neue Zukunft bewegen wollen. Ich glaube nicht, dass es möglich ist, in eine neue Zukunft zu gehen, solange wir das Leben noch mit den Augen des Schattens sehen, den ungeliebten, unbekannten Aspekten unseres Selbst.

Mehr von all dem, in mehr Details, später im Buch.

Der Schatten

Noch etwas, das zu einem tieferen Verständnis beitragen kann, während wir uns durch dieses Buch bewegen. Carl Jungs Arbeit über den "Schatten".

Ich beziehe mich im Laufe des Buches häufig darauf, so dass es hilfreich sein kann, einen Einblick zu bekommen, bevor du in den Rest des Buches eintauchst.

Nach meinem derzeitigen Verständnis bedeutet dies, dass jeder Aspekt des Selbst, den wir noch nicht in unser Bewusstsein integriert haben, im Unterbewusstsein verborgen bleibt. Es gibt viele Gründe, warum wir diese Teile des Selbst noch nicht ins Licht der bewussten Wahrnehmung geholt haben. In erster Linie sind sie verborgen im Unterbewusstsein, was natürlich bedeutet, dass wir uns ihrer nicht bewusst sind.

In der Kindheit und möglicherweise auch darüber hinaus sind wir nicht in der Lage, mit einigen Ereignissen des Lebens umzugehen, weil uns entweder das Bewusstsein, die emotionale Reife oder die körperliche Kraft fehlt, um manche Situationen zu bewältigen. Wenn wir aus einem der oben genannten Gründe nicht in der Lage sind, Situationen zu bewältigen, wird diese Information im Unterbewusstsein gespeichert.

Ein Beispiel: Wenn du von einem Geschwisterkind missbraucht wirst, während du noch sehr jung bist, hast du weder die Fähigkeit zu erkennen, was passiert ist, noch die Macht, etwas dagegen zu "tun". Das bedeutet, dass das kleine Kind einen sehr starken, tiefen Eindruck erhält, den es für den Rest seines Lebens mit sich trägt.

Diese Erfahrung wird die Person auf einer sehr grundlegenden Ebene beeinflussen, und zwar in vielerlei Hinsicht, die das Kind/der junge Erwachsene nicht einmal erkennen wird, weil es in einer so feindseligen Umgebung aufgewachsen ist, dass es ein Teil von ihm geworden ist und es nicht mehr in der Lage ist, diese frühen Jahre objektiv zu betrachten.

Traumata gibt es in vielen Formen und unterschiedlicher Intensität. Es kann psychologischer, emotionaler oder physischer Natur sein, oder eine Kombination davon. Es kann eine Idee sein, die immer und immer wieder bestätigt wird. Nicht gut genug, nicht schön genug, nicht klug genug.

Es könnte einfach auch sein, dass du in eine Gesellschaft hineingeboren wurdest, die an den Rand gedrängt wurde und eine Geschichte der Verfolgung hat. Du könntest darauf konditioniert sein, die Welt als einen gewalttätigen Ort zu sehen, als eine ängstliche Gesellschaft. Aus der Sicht des Schattens spielt es keine Rolle, welche Programmierung du als Kind erfahren hast.

Solange die Informationen im Unterbewusstsein verborgen bleiben, werden sie weiterhin eine wichtige Rolle im Leben der betreffenden Person spielen. Das ist der "Schatten".

Jede Erfahrung, die wir nicht effektiv verarbeiten konnten, landet im Schatten und trägt zu den Erfahrungen bei, die die Person macht.

Jung sagte einmal, dass wir nicht erleuchtet werden, indem wir uns Lichtgestalten vorstellen, sondern indem wir uns die Dunkelheit bewusst machen. Er sagte weiter, dass dieser Prozess unangenehm und deshalb nicht sehr populär sei.

Ich kann verstehen, dass es nicht sehr beliebt ist, denn Erinnerungen an ein Trauma möchte niemand wieder aufleben lassen. Es gibt jedoch Wege, diese Informationen ins Licht des Bewusstseins zu bringen, die nicht unangenehm sind. Diese Methoden sind nicht konfrontativ. Denn wie können wir etwas konfrontieren, von dem wir nicht wissen, dass wir es haben? Unmöglich, richtig.

Einer der Wege, die wir beschreiten müssen, wenn wir diesem todeslosen Zustand auch nur nahe kommen wollen, ist zu lernen, wie wir den Schatten umarmen können, damit wir frei von alten Konditionierungen und nicht länger Opfer unserer Vergangenheit sind. Darauf wird später im Buch eingegangen, aber es braucht vielleicht mehr als die Lektüre eines Buches, um dieses Verständnis zu erlangen.

Für diejenigen, die den Zustand ohne Tod anstreben, wird noch mehr geboten. Dein Weg, deine Wahl.

Sowohl das "Clearing" als auch der "Schatten" spielen eine große Rolle auf unserer Reise zum Zustand ohne Tod, beides wird im Laufe des Buches oft erwähnt und ist grundlegend für unser Verständnis.

Mit ein paar Worten aus der Dzogchen-Praxis von S.H. Dilgo Khyentse Rinpoche:

> Die alltägliche Praxis besteht einfach darin, eine völlige Akzeptanz und Offenheit gegenüber allen Situationen und Emotionen und allen Menschen zu entwickeln und alles völlig ohne geistige Vorbehalte und Blockaden zu erleben, so dass man sich niemals in sich selbst zurückzieht oder zentralisiert.

Auch wenn die Worte in diesem Buch uns in Bereiche führen, in denen wir das Wesen dieser menschlichen Erfahrung und darüber hinaus entdecken können, werden wir letztendlich immer das finden, wonach wir suchen (Richard Alpert, alias Ram Das). Das wird irgendwann zu einem Problem, denn während wir etwas suchen, während wir versuchen, etwas zu verstehen, werden wir immer das finden, wonach wir suchen.

Um den todeslosen Zustand zu erkennen, sollten wir aufhören zu suchen, aufhören, nach etwas Bestimmtem zu suchen und offen bleiben, keine Fragen stellen und in der Stille eines ruhigen Geistes ruhen. Das ist die Herausforderung: den forschenden Geist ausschalten, still sein und beobachten.

Schau, ob diese Worte dir helfen, diesen Zustand zu erreichen.

Und weiter geht die Reise.

Unsere Reise

Wir alle haben eine Reise, ob sie uns nun tiefer in die Welt der Illusion führt oder uns aus der illusorischen Welt herausführt. Dies ist die Geschichte meiner Reise, auf der auch ich den todeslosen Zustand suche, einen Zustand, in dem wir nicht einschlafen, wenn der Körper stirbt. Ein Zustand, in dem das Bewusstsein ein ununterbrochener Faden oder reines Gewahrsein bleibt und nicht mehr den Launen von Gier, Angst, Unwissenheit oder Verlangen unterworfen ist. Sondern in der wahren Natur des Geistes ruhen kann.

Diese Reise ist nicht für jeden geeignet, zumindest nicht zum jetzigen Zeitpunkt. Es kann gut sein, dass alle fühlenden Wesen den Wert eines solchen Weges erkennen, aber im Moment scheint es, als ob die Identifikation mit dem Körper, mit den Gedanken und Emotionen, die mit dem Selbst verbunden sind, die wichtigsten Wege sind, die es zu gehen gilt. Der Wunsch, die Vorteile eines Weges zu verstehen, der zur Beendigung des Leidens führt, liegt den meisten Menschen fern. Sie sind so sehr damit beschäftigt, ihre Rolle zu spielen und das Drehbuch zu lesen, von dem sie glauben, dass es das ist, was sie sind, dass sie eine andere Art des Seins in dieser Welt nicht einmal ansatzweise begreifen können.

Wenn deine Zeit gekommen ist, diese Reise zu beginnen, wenn die kleine Alarmglocke ertönt, wenn die Erkenntnis in deinem Bewusstsein auftaucht, dass es ein Ende des Leidens geben kann, dann öffnen sich andere Türen, die vorher verborgen waren, neue Möglichkeiten im Leben tauchen auf, andere Menschen tauchen auf deinem Weg auf und langsam, ach so langsam präsentiert sich eine neue Realität.

Ich sage "langsam", weil ich viele Jahre auf diesem Weg der Selbstentdeckung verbracht habe und durch meine eigene Praxis des "Clearing" oder der Akzeptanz von allem, was auf meinem Weg auftaucht (dieses Konzept wird später erklärt), erkannt habe, dass die einzigen Blockaden, die uns daran hindern, diese Art des Seins zu verstehen, unsere Abhängigkeiten von alten Gewohnheiten sind, die zu einem mächtigen Gefühl des Selbst geführt haben, das sich mit allen Phänomenen durch die Augen der Persönlichkeit identifiziert. Wir werden zu Gewohnheitstieren, wir lernen zu erwarten, dass die Welt auf eine bestimmte Art und Weise ist, sei es eine friedliche oder eine konfliktbeladene. Uns wird beigebracht, wie wir in dieser Welt überleben können, wir lernen Trennung, ich, mein – du, dein. Ich fühle dies, ich denke das. Das sind meine Gefühle, das sind meine Gedanken.

Diese Konditionierung, die wir alle zu durchlaufen scheinen, legt den Grundstein für unsere Reise durchs Leben. Je polarisierter oder radikaler unsere Erziehung ist, desto mehr beurteilen wir das Verhalten anderer, weil wir es mit unseren eigenen Werten, Wahrnehmungen und Überzeugungen darüber vergleichen, wie die Welt ist oder sein sollte, um unsere Überzeugungen zu bestätigen.

Denn wir vergleichen es mit unseren eigenen Werten, Wahrnehmungen und Überzeugungen darüber, wie die Welt ist oder sein sollte, um damit unsere Überzeugungen zu bestätigen.

Diejenigen, die einen anderen Hintergrund haben und das Leben anders sehen, sind jedoch genauso entschlossen, eine Welt zu schaffen, in der sie sich sicher und bestätigt fühlen. Diese Gruppe gerät in Konflikt mit anderen Gruppen, die anders denken, und der Konflikt ist unvermeidlich. Wenn man der Geschichte Glauben schenken darf, ist unser Leben auf dem Planeten Erde schon so lange von dem einen oder anderen Konflikt geprägt, wie es Schriften gibt, die unsere Geschichte aufzeichnen. Wenn wir einen Moment zurücktreten, um das Wesen von Konflikten zu betrachten, ist es immer dasselbe: Eine Gruppe stellt sich gegen eine andere Gruppe und versucht, der anderen ihre Werte aufzuzwingen, was oft zu einem offenen Konflikt führt. Daran scheint sich seit Hunderten oder Tausenden von Jahren nichts geändert zu haben.

Nicht alle Völker befinden sich in einem so starken Konflikt. Es gibt viel Schönheit in dieser Welt, sowohl natürliche als auch von Menschenhand geschaffene. Doch auch diejenigen, die nicht in Konflikte verwickelt sind, leiden indirekt unter den Auswirkungen derer, die sich im Konflikt befinden. Gibt es einen Ausweg aus diesem Leiden?

Der Buddha war dieser Meinung. Ein Großteil seiner Lehren handelte von der Natur des Leidens, der Ursache des Leidens und dem Weg, der zum Ende des Leidens führt.

Als ich jung war, habe ich viele Bücher darüber gelesen. Wenn ich auf diese Zeit zurückblicke, bin ich beschämt, wie wenig ich die Lehren wirklich verstanden habe. Aber das war ein Teil meines Weges. Es hat viele Jahre gedauert, aus der Unwissenheit herauszukommen, die mein Leben war – und es ist noch nicht vorbei! Jetzt erkenne ich, dass die Zeit, die ich gebraucht habe, um zu meinem jetzigen Verständnis zu gelangen, an meiner starken Bindung an das Ich-Gefühl lag, an meiner konditionierten Vergangenheit. Wären da nicht die Gewohnheiten, die ich in frühen Jahren entwickelt habe, und die fortgesetzte Identifikation mit diesen Gewohnheiten, hätte ich schon vor langer Zeit "aufwachen" können.

Je mehr Zeit ich damit verbringe, mich diesem Weg zu widmen, desto mehr verstehe ich, wie erstaunlich diese Reise ist. Vieles wird klarer, meine Welt öffnet sich und meine Augen. Die Rolle, die ich bei der Erschaffung der Welt, in der wir leben, spiele, wird deutlicher und mit diesem Verständnis wächst auch die Verantwortung. Und wenn ich meine persönlichen Urteile reduziere, tauchen weniger Konflikte auf meinem Weg auf, ich treffe mehr offene, lächelnde Gesichter, herausfordernde Situationen tauchen nicht mehr auf, und der Weg entfaltet sich mühelos.

Meine Reise ist keineswegs einzigartig – der Weg, den ich eingeschlagen habe, vielleicht schon.

Der Geist

So habe ich es gehört/gelesen/erlebt.

Jede Reise, egal wohin oder warum, muss den Verstand einbeziehen. Wie wir denken, spielt eine große Rolle bei der Erschaffung der Welt, in der wir leben. Wenn wir den Verstand verstehen, können wir auch verstehen, wie wir erschaffen, was und warum wir erschaffen.

Vor vielen Jahren habe ich ein Buch von Dr. Larry Dossey gelesen: "Recovering the Soul. Darin sprach er davon, dass der Geist nicht ortsgebunden ist. Das war eine faszinierende Erkenntnis, die man sich intellektuell vorstellen konnte, aber die wirkliche Bedeutung dieser Aussage wurde erst mit der Zeit und dem Beschreiten dieses Weges "real".

Angenommen, der Geist ist nicht ortsgebunden, was bedeutet das eigentlich? Nun, für mich bedeutet ortsunabhängig, dass er weder zeitlich noch räumlich begrenzt ist, d.h. der Geist ist überall und zu jeder Zeit. Stell dir das als ein großes Meer des Bewusstseins vor. Viele Menschen haben ihm in der Vergangenheit einen Namen gegeben: Gott, Das Feld, verschiedene Religionen haben verschiedene Namen, die alle dasselbe bedeuten. Ich persönlich ziehe es vor, es die Kosmische Suppe zu nennen.

Wenn wir uns nun die Mühe machen, dieses Konzept zu erforschen und es mit verschiedenen Lehren durch die Jahrhunderte hindurch in Verbindung bringen und einigen der einflussreichsten Köpfe der jüngeren Zeit zuhören, hören wir Kommentare wie:

> "Die objektive Welt entsteht aus dem Geist selbst".
> Der Buddha

> "Das Weltbild eines jeden Menschen ist und bleibt ein Konstrukt seines Verstandes und es kann nicht bewiesen werden, dass es eine andere Existenz hat".
> Erwin Schrödinger

Die Liste ließe sich fortsetzen. Wenn wir diesen Gedanken als eine mögliche Wahrheit annehmen, machen wir uns auf die Suche nach dem persönlichen Geist. "Meinem" Geist, aber ich bin nicht überzeugt, dass wir diesen schwer fassbaren persönlichen Geist finden werden. Wenn der Geist tatsächlich nicht ortsgebunden ist, wie kann er dann in diesem Körper enthalten sein? Wenn du glaubst, dass du einen Geist hast, wo ist er dann? Zeig ihn auf! Ein Hinweis: Es ist nicht das Gehirn.

Ich glaube, dass wir als Individuen keinen Verstand haben. Das steht natürlich im Gegensatz zur landläufigen Meinung. Wir sind so daran gewöhnt, Gedanken mit unserem Verstand zu assoziieren, wir benutzen "unseren" Verstand, wir setzen "unseren" Verstand ein, um ein Problem zu lösen, wir erschaffen "unseren" Verstand. Aber denk doch mal einen Moment darüber nach, dass du keinen Verstand hast. Was du aber hast, ist ein Nervensystem, einschließlich des Gehirns, das die Fähigkeit hat, auf diesen nicht-lokalen Geist zuzugreifen. Darüber solltest du vielleicht einen oder zwei Momente nachdenken!

Wenn das tatsächlich der Fall ist, ergeben sich daraus alle möglichen Fragen und Möglichkeiten.

Der Buddha soll gesagt haben

"Da alles ein Produkt des eigenen Geistes ist ..."

Wer weiß schon, ob er das gesagt hat oder jemand anderes, aber es stellt eine Verbindung her, wenn wir versuchen, die Natur des Geistes zu verstehen. Wenn dies eine Bemerkung Buddhas war, dann kann ich sie nicht ganz unterstützen, denn ich denke, dass das Wort "Geist" hier verwendet wird, um die Fähigkeiten eines denkenden, unterscheidenden Menschen zu beschreiben. Der einzige Bezugspunkt für viele Menschen ist ihr eigener Verstand und es kann gar nicht anders sein. Wenn wir aber davon ausgehen, dass der Geist tatsächlich nicht lokal ist, welcher Teil dieses Geistes sind wir dann? Ist dieser Geist in Millionen von Teilen aufgeteilt und jeder von uns hat einen Teil des Geistes? Es fällt mir schwer, dies auf der Grundlage meines Verständnisses eines nicht-lokalen Geistes zu akzeptieren.

Lass mich versuchen, meinen "Standpunkt" zu erklären.

Stell dir einen Moment lang vor, dass wir, wie oben erwähnt, keinen persönlichen/individuellen Verstand haben, sondern einen Körper mit einem einzigartigen Nervensystem und Gehirn.

Das Nervensystem greift auf den Geist zu

Es ist unser Nervensystem, das auf den nichtlokalen Geist zugreift. Wir sehen Formen (diejenigen von uns, die das Glück haben, zu "sehen") und Farben, wir hören Geräusche (wiederum diejenigen, die das Glück haben, hören zu können).

Wir schmecken, wir nehmen verschiedene Düfte wahr, wir berühren und "fühlen".

Wir analysieren die Informationen, die wir über das Nervensystem wahrnehmen, mit Hilfe unseres Gehirns (denken darüber nach). Auf der Grundlage der Konditionierung in der Kindheit beurteilen wir dann das, was wir wahrnehmen.

Wenn wir die Informationen, die der Körper wahrnimmt, beurteilen, assoziieren oder identifizieren, feuern die Neuronen im Gehirn in einer oft schon festgelegten Reihenfolge. Eine konditionierte Reaktion auf Informationen erzeugt ein einzigartiges Neuropeptid. (Das beruht auf meinem Verständnis der Arbeit von Dr. Bruce Lipton – ich könnte nie ein Zellbiologe sein!) Diese Neuropeptide werden wiederum in Aminosäuren umgewandelt, die nach meinem Verständnis der Arbeit von Dr. Lipton die Bausteine des Lebens sind.

Die Aminosäuren wandern dann kaskadenartig durch den Körper und dringen, je nach Entwicklungsstand der Zellen, in die Zelle ein und verändern sie auf die eine oder andere Weise. Das Ergebnis ist das, was wir ein "Gefühl" nennen – entweder körperlich oder emotional. Durch unsere frühere Konditionierung – ich, mein, du, dein usw. – identifizieren wir uns dann mit dem Gefühl. Ich fühle dies, ich fühle das. Dieser Identifikationsprozess wird im Buddhismus als Begehren und Greifen bezeichnet. Das heißt, wenn ein Gefühl im Körper auftaucht, identifizieren wir uns sofort mit ihm und behaupten, es gehöre uns. Ob wir es mögen oder nicht, ob wir es wollen oder nicht.

Laut Dr. Lipton und sicher auch anderen hat dies den Effekt, dass das Gefühl verstärkt wird. Für mein sehr begrenztes Verständnis dieses Themas bedeutet das, dass, wenn sich die einzelne Zelle in Schwesterzellen teilt, die neue Zelle mehr Rezeptorstellen für bestimmte Chemikalien hat, die wir mit dem Gefühl, mit dem wir uns identifiziert haben, in Verbindung bringen. Die Rezeptorstelle ist wie eine kleine Antenne, die auf eine ganz bestimmte Frequenz eingestellt ist. Die Tür kann nur mit dem richtigen Schlüssel geöffnet werden.

Viele von uns neigen dazu, diese Chemikalien als physische Materie zu betrachten, auch wenn es sich dabei um winzige Teilchen handelt. Wir geben ihnen Namen, um sie besser zu verstehen, aber ich vermute stark, dass diese Chemikalien in Wirklichkeit Materie ist, die mit sehr spezifischen Frequenzen arbeitet. Wenn eine Chemikalie, in diesem Fall eine Aminosäure, mit der Rezeptorstelle auf der Zelle in Resonanz geht, und dann ein Protein den Rezeptor mit einem Akzeptor verbindet, erlaubt die Zelle der Chemikalie, in die Zelle einzudringen. Wir interpretieren dies als ein Gefühl. Die Identifikation mit einem Gefühl, d.h. einer Emotion, instruiert die Zelle, mehr Rezeptorstellen für diese bestimmte Chemikalie zu schaffen, wenn sie sich teilt, was wiederum das Gefühl verstärkt. Je mehr von einer bestimmten

Chemikalie in die Zellen gelangt, desto intensiver scheint das Gefühl zu sein. Je intensiver das Gefühl ist, desto mehr identifizieren wir uns mit ihm als "unserem" Gefühl.

Diese Information wird umso wichtiger, je mehr wir beginnen, die Natur unserer Erfahrung zu verstehen, und wir werden später im Buch sehen, wie sie mit unserer Reise zum Zustand ohne Tod zusammenhängt.

Indem wir uns also mit einer bestimmten Emotion identifizieren, erhöhen wir die Fähigkeit des Körpers, eine intensivere Emotion zu erleben. Ich habe schon so viele Menschen gesehen, die sich selbst in einen emotionalen Zustand hineinreden. Wenn man über einen Zustand spricht, identifiziert man sich auf einer gewissen Ebene mit diesem Zustand, was das Gehirn dazu veranlasst, mehr von diesen Chemikalien zu produzieren. Das Ergebnis ist, dass diese Aminosäuren/Chemikalien in die Zellen gelangen, mit denen wir uns dann identifizieren. Je mehr wir über eine Situation oder ein Gefühl sprechen, je mehr Zeit und Energie wir einem bestimmten Gefühl widmen, desto intensiver wird es.

Einfach ausgedrückt: Wir sagen dem Gehirn, dass es mehr von den Chemikalien produzieren soll, mit denen wir uns identifizieren. Wenn wir diesen Gedankengang weiterverfolgen, sehen wir, wie wir eine innere Realität erschaffen, die darauf beruht, wie stark wir uns mit bestimmten Gefühlen identifizieren – sowohl mit guten als auch mit weniger guten.

Dieser Prozess hat noch eine andere Seite, eine heimtückischere Seite. Nach meinem – wiederum begrenzten – Verständnis dieses Prozesses ist der Platz für diese Rezeptoren auf der Zelle sehr begrenzt. Die Zelle ist ziemlich klein, also müssen die Rezeptorstellen unvorstellbar klein sein und es gibt nur eine begrenzte Menge Platz auf der Zelle für die Rezeptorstellen. Wenn wir also die Zellwand mit Rezeptorstellen einer bestimmten Frequenz füllen, weil wir uns mit bestimmten Emotionen identifizieren, müssen wir andere Rezeptorstellen verdrängen, weil kein Platz mehr in der Herberge ist!

Wenn wir Depressionen als Beispiel nehmen, wird es einfacher zu verstehen, wie durch die fortgesetzte Identifikation mit einem Gefühl oder einer Emotion (oder einem Gedanken!) dieses Gefühl wächst. Ob bewusst oder nicht – wahrscheinlich nicht – unsere Konditionierung sagt uns, dass wir uns mit allem identifizieren müssen, was wir erleben. Diese Assoziation mit Phänomenen oder Gefühlen wird über das Unterbewusstsein, den "Schatten" von Carl Jung, gesteuert. Wenn wir uns mit der Chemikalie der Depression identifizieren, werden die Schwesterzellen der ursprünglichen Zelle, die diese Chemikalie bzw. Information aufgenommen hat, mehr Rezeptorstellen für Depressionen haben, wenn sie sich weiter teilen. All dies führt zu einem noch depressiveren Zustand.

Wie einige von euch vielleicht wissen, ist Depression ein ziemlich energiearmes Gefühl, das dem Körper die Vitalität zu entziehen scheint und unseren Willen, etwas zu tun, verringert. Das ist schon schlimm genug, denkst du vielleicht, aber versuch dir vorzustellen, was mit den Zellen in deinem Körper passiert. Indem du dich bewusst oder unbewusst mit dem Gefühl der Depression identifizierst, reduzierst du die Fähigkeit der Zellen, auf gesunde Weise zu arbeiten. Auf der Zelle ist kein Platz für viele der Rezeptoren, die der Körper braucht, um gesund zu funktionieren. Das wiederum verstärkt das Gefühl der Depression und macht es schwieriger, aus ihr herauszukommen.

Außerdem wird der Körper dadurch krank, weil er nicht mehr in der Lage ist, mehr energiearme Gefühle/Chemikalien abzuwehren, die mit anderen Gesundheitsproblemen verbunden sein können. Dies kann das Immunsystem beeinträchtigen, also die natürliche Fähigkeit des Körpers, Krankheiten zu bekämpfen, was zu weiteren Komplikationen führt.

Je tiefer wir uns in einen emotionalen Zustand begeben (wobei wir uns im Moment noch auf Emotionen beziehen), desto mehr potenziellen Schaden fügen wir unserem Körper zu. Je tiefer wir in ein bestimmtes Kaninchenloch hinabsteigen, desto schwieriger wird es, aus diesem Loch wieder herauszukommen. Wir haben es nicht nur mit den Symptomen zu tun, die mit einer bestimmten Chemikalie verbunden sind, sondern auch mit dem Denken, das diese Situation entstehen ließ. Die ganze Zeit über merken wir nicht, dass wir uns im Kaninchenbau verirrt haben, denn unser derzeitiges Denken lässt diese Weltsicht nicht zu.

Wie Einstein einmal sagte:

> "Wir können das Problem nicht mit dem Denken lösen, das es geschaffen hat".

Aber sicherlich hätte niemand zum Beispiel der Depression Energie gegeben, wenn er ein Mitspracherecht dabei hätte.

So wie ich es verstehe, sind hier zwei unbewusste Bedingungen im Spiel. Beide beeinflussen unsere Fähigkeit, körperlich, seelisch und geistig gesund zu bleiben. Die eine, die offensichtliche, ist unsere Konditionierung. Als wir noch sehr jung waren, gingen wir durch den Prozess der Geburt, dann wurden wir dazu erzogen, was es nach Meinung unserer Eltern und der Gesellschaft im Allgemeinen bedeutet, ein Mensch zu sein. Wir werden später in einem anderen Kapitel genauer darauf eingehen, was das in einem umfassenderen Sinn bedeutet, aber vorerst wird einem Menschen beigebracht, dass seine Gefühle und Gedanken ihm gehören, dass er etwas besitzt und so weiter.

Die andere wichtige treibende Kraft, die uns als Opfer von Gefühlen erscheinen lässt, die wir nicht kontrollieren können, ist das, was Jung als "unseren Schatten" bezeichnet hat.

Im Grunde genommen besteht der "Schatten" aus den Aspekten des Selbst, die wir noch nicht erkannt und ins Bewusstsein gebracht haben. Das sind unbewusste Aspekte des Selbst, das heißt, wir nehmen sie nicht wahr. Wenn wir uns dieser Teile des Selbst nicht bewusst sind, können wir nichts gegen sie tun. Wenn wir nicht einmal erkennen, dass sie existieren, bleiben wir Opfer von ihnen.

Jung sagte, er glaube, dass wir, solange wir uns dieser Aspekte des Selbst nicht bewusst sind, weiterhin die Symptome oder Ergebnisse dieser Aspekte erleben und die Erfahrungen, die sich aus diesem Zustand ergeben, für unser Schicksal halten. In Wirklichkeit sind es einfach Teile von uns selbst, die zu uns zurückkommen, Teile, die wir nicht erkennen oder akzeptieren. Dieser ganze Prozess führt dazu, dass wir anderen die Schuld für unser Unbehagen geben.

Da wir darauf konditioniert wurden, dass alles, was wir fühlen, "uns gehört", ist es nicht verwunderlich, dass wir uns mit jeder Emotion, die in unserem Bewusstsein auftaucht, verbinden und identifizieren. Wie wir bereits festgestellt haben, erzeugen wir, wenn wir diesem Gefühl weiterhin Energie geben, ein intensiveres Gefühl, das sich mal gut und mal weniger gut anfühlt.

Später können wir sehen, wie diese fortgesetzte Identifikation mit einem Gefühl sowohl die innere als auch die äußere Realität schafft, die wir wahrnehmen können.

Es scheint also, dass wir nicht wirklich auf dem Fahrersitz unseres Lebens sitzen. Wir sitzen vielleicht auf dem Rücksitz und versuchen, dem Hauptfahrer zu sagen, wo er hinfahren, wann er abbiegen und wann er anhalten soll, aber unsere Bemühungen, die Hauptantriebskraft zu überstimmen, machen unser Leben nur komplizierter. Solange wir nicht erkennen, dass viele unserer Gedanken, Worte und Handlungen außerhalb unserer bewussten Kontrolle liegen, werden wir weiter gegen unser "Schicksal" ankämpfen und nicht erkennen, dass wir ständig sabotieren und Komplikationen schaffen, ohne es zu merken.

Es scheint mir, als gäbe es einige schwerwiegende Fehler in der frühen Konditionierung und Erziehung, die uns dazu zwingen, Opfer von Umständen zu sein, die außerhalb unserer Kontrolle zu liegen scheinen. Aber wer hat uns zu dem gemacht, was wir jetzt zu sein glauben? Man könnte sagen, unsere Eltern und die Gesellschaft im Allgemeinen, aber auch sie folgten nur dem Programm, in das sie indoktriniert wurden. Wie weit müssen wir zurückgehen, um Antworten zu bekommen?

Obgleich diese menschliche Erfahrung vor allem darin besteht, tief in die Trennung und Individualität zu gehen, damit der Geist den Geist erfahren kann, gibt es keine Schwachstellen, keine Fehler, es entfaltet sich alles so, wie es sollte. Wir gehen hinein und kommen wieder heraus, eventuell. Es ist das Heraustreten aus der Identifikation mit der Erfahrung, das schwierig zu sein scheint, und viele werden sich fragen, warum wir aus der Erfahrung herauskommen müssen. Ich persönlich glaube nicht, dass wir die Wahl haben. Ich glaube, dass die Umstände, die uns in dem Drama unseres Lebens gefangen halten, sich selbst aufrechterhalten. Erinnerst du dich an den Schatten und das Unterbewusstsein, wo wir Opfer der Umstände sind? Ich vermute, dass sich die Umstände immer wieder verschwören, um uns aufzuwecken, doch unsere Abhängigkeiten und Gewohnheiten sind so stark, dass wir die Zeichen, die ständig an die Tür klopfen, nicht erkennen. Denn wenn der Geist nicht ortsgebunden ist, d.h. immer und überall ist, keinen Anfang und kein Ende hat, dann ist das, wonach wir glauben zu suchen, jetzt hier, nicht in der Zukunft, nicht in ein paar Jahren, nicht zu Lebzeiten, sondern genau hier und jetzt.

Woran glaubst du?

Ich erkenne immer mehr, wie unsere Gedanken die Welt erschaffen, in der wir leben.

Unsere Gedanken werden im Wesentlichen durch unsere frühe Kindheit geprägt, wir werden von unseren Eltern und der Gesellschaft darauf konditioniert, an bestimmte Dinge zu glauben. Unsere Eltern wurden ihrerseits von ihren Eltern und der Gesellschaft konditioniert, und oft geben die Eltern einfach die Überzeugungen weiter, die ihnen vermittelt wurden. Niemand stellt grundlegende Überzeugungen in Frage, die außerhalb des Rahmens liegen, in dem sie zu existieren glauben.

Es hängt davon ab, wo und wann du geboren wurdest, in welcher Art von Gesellschaft du aufgewachsen bist, in welchen sozialen Verhältnissen, ob reich oder arm, welchen religiösen Hintergrund du hast, wenn überhaupt, welche Sprache du sprichst, wie die Farbe deiner

Haut ist. Das sind alles Bedingungen, die in den Schmelztiegel deiner Persönlichkeit einfließen. Wie siehst du die Welt, welche Beziehungen hast du zu anderen, ob auf persönlicher oder gesellschaftlicher Ebene, wie stark sind deine Überzeugungen? Bist du in einem Umfeld aufgewachsen, das dich unterstützt hat, oder wurdest du von deinen Eltern und der Gesellschaft unterdrückt, weil du "anders" warst?

Denke daran, dass auch deine Eltern und die Gesellschaft im Allgemeinen einen ähnlichen Prozess durchlaufen haben. Ihre Weltanschauung wurde ebenso wie deine von den Umständen geprägt, in denen sie aufgewachsen sind. Wir alle sind – solange wir es nicht sind – Opfer unserer Vergangenheit. Wir können denjenigen, die vor uns auf die Welt gekommen sind, keine Schuld geben, denn auch sie haben viel in ihrem Schatten, auch sie sind verloren in dem Drama, das ihr Leben ist.

Ich glaube, es ist die Intensität unserer Konditionierung, die Situationen schafft, die in dieser Welt real zu sein scheinen. Situationen, die so real scheinen, dass wir gezwungen sind, etwas dagegen zu tun, um eine Welt zu erschaffen, die unsere sehr polarisierte Sichtweise unterstützt, wie die Welt sein sollte, sein muss, damit wir uns sicher und wertvoll fühlen.

Das wird ziemlich kompliziert, wenn zusätzlich zu den Ansichten der Gesellschaft, in die wir hineingeboren wurden, unsere persönlichen Ansichten stark gefärbt sind durch traumatische Erfahrungen – real oder eingebildet – die wir in den frühen Kindheitsjahren gemacht haben.

Kombiniert man diese Faktoren, entsteht ein einzigartiges Individuum, das entweder diese realen oder vermeintlichen Traumata aus der Kindheit kompensiert oder zu einem noch stärker polarisierten Mitglied der Gesellschaft wird.

Je polarisierter wir werden, aus welchem Grund auch immer, desto wertender werden wir. Je mehr wir urteilen, desto mehr geben wir dem "Anderen", wer oder was auch immer das sein mag, die Schuld für unser Unbehagen. Das bedeutet, dass wir auf der persönlichen Ebene bestimmte chemische Prozesse fördern, die noch intensivere Gefühle erzeugen. Je intensiver das Gefühl ist, desto mehr müssen wir handeln, um dieses Gefühl auszugleichen. Wenn wir glauben, dass wir uns besser fühlen wenn wir den anderen verletzen, oder dass wir ein wertvolleres Mitglied unserer Gesellschaft werden, dann ergreifen wir heftigere Maßnahmen, um die Welt zu schaffen, die wir persönlich für die "richtige" halten.

Auf der anderen Seite des Zauns, sei es in einer persönlichen oder intimen Beziehung, in einer Gruppe von Menschen mit unterschiedlichen Ansichten, in einem Nachbardorf, einem Land, einer Religion, einer politischen Partei oder was auch immer, sind die Menschen mit andern Ansichten vielleicht der Meinung, dass sie im Recht sind und dass ihre Ansichten der dominierende Faktor sein sollten, um ihre Welt zu einem "besseren" Ort zu machen. So ist der Konflikt vorprogrammiert.

Es geht immer nur um den Standpunkt: Meiner ist besser als deiner!

Wenn wir verstehen, woher ein Standpunkt kommt und warum er aufrechterhalten wird, können wir erkennen, dass auf einer Ebene alle Standpunkte gültig sind und kein Standpunkt besser als ein anderer ist. Dennoch bleiben wir die ganze Zeit in unserem selbst geschaffenen Gefängnis der Persönlichkeit gefangen und sehen uns selbst als getrennte Individuen, die alle versuchen, alle anderen dazu zu bringen, sich ihrer Sichtweise anzupassen und damit Konflikte aufrechtzuerhalten.

Aber was ist ein Standpunkt?

Unserer Wahrnehmung nach scheint sich die Welt zu beschleunigen. Die Technologie hat unser Leben in sehr kurzer Zeit verändert, zumindest in meinem Leben passieren so schnell so viele Veränderungen. Es kann eine Herausforderung sein, Schritt zu halten, denn das Lebenstempo scheint heute viel schneller zu sein als zu meiner Zeit als Kind. Sofortige Kommunikation und der Austausch von Ideen und Standpunkten sind dank des technologischen Fortschritts heute leicht möglich. Ob diese Beschleunigung nun real oder eingebildet ist, die Ergebnisse sind die gleichen.

Die Situationen und Erfahrungen in unserem Leben scheinen weniger Zeit zu haben, um sich zu entfalten, wir stehen unter größerem Druck, uns an eine sich schnell verändernde Gesellschaft anzupassen. Der menschliche Körper steht unter großem Druck. Vielleicht war er das auch schon früher, aber damals waren wir uns dessen nicht so bewusst.

Jedes System, ob mechanisch, elektrisch oder der menschliche Körper, hat bestimmte Sicherheitsstufen eingebaut. Bestimmte Toleranzen, innerhalb derer es sicher funktionieren kann. Wenn diese

Toleranzen überschritten werden, beginnt das System zu versagen, und wenn die Ursache für die zusätzliche Belastung nicht behoben wird, bricht das System schließlich zusammen.

Nimm einen Gartenschlauch, durch den Wasser fließt. Knicke den Schlauch und halte ihn fest, um den Wasserfluss zu stoppen. Das Wasser will immer noch fließen, kann es aber nicht, weil du den Schlauch geknickt hast und sich dadurch Druck aufbaut. Wenn der Druck einen bestimmten Punkt erreicht, wird jede Schwachstelle im System offengelegt und bricht, so dass das Wasser wieder fließen kann, nur nicht mehr am Ende des Schlauchs, wo es eigentlich hin sollte. Bei jedem mechanischen oder elektrischen System ist es dasselbe.

Der menschliche Körper ist nicht anders. Wenn man zulässt, dass sich Stress aufbaut, weil man sich dessen nicht bewusst ist, bis der Stress offensichtlich wird, wird jede Schwäche im System ausgenutzt. Das kann daran liegen, dass wir kein ausreichend zuverlässiges Stressabbauventil entwickelt haben oder dass wir dem Körper unbewusst Stress zufügen (indem wir uns zu sehr mit bestimmten "negativen" Emotionen identifizieren). Der Körper zeigt dann Anzeichen für den Stress, und schließlich wird es offensichtlich, dass der Körper nicht in der Lage ist, mit dem Stress umzugehen, und es kommt zu Krankheiten.

Die Symptome eines gestressten Körpers können körperlicher, emotionaler oder geistiger Natur sein. Burn-out ist ein offensichtliches und recht häufiges Symptom. Starke Angstzustände, Panikattacken, emotionale Wut oder schwere körperliche Gesundheitsprobleme sind nur einige der Symptome eines gestressten Körpers.

Wenn die Person, die unter Stresssymptomen leidet, weiter über andere urteilt und andere für ihren eigenen Zustand verantwortlich macht, ist es umso wahrscheinlicher, dass sie noch mehr Konflikte erzeugt, die den eigenen Zustand weiter verschlimmern, indem sie die Anzahl der Rezeptorstellen für Stress auf der Zelle erhöht und damit die Anzahl und Art der Rezeptorstellen reduziert, die der Körper braucht, um gesund zu bleiben. Das scheint der Lauf der Welt für viele zu sein.

Eine Computersimulation?

Einige haben vorgeschlagen, dass wir in einer Computersimulation leben. Eine interessante Theorie, die erst vor kurzem aufkam, vor allem weil Computer erst seit relativ kurzer Zeit zu unserem Wortschatz gehören. Mit welcher Sprache hätte man die Welt, in der wir leben, vor der Erfindung der Computer beschreiben können?

Oder, was auch möglich wäre, Computer haben schon immer in The Mind existiert und warteten nur darauf, entdeckt zu werden – denk an den nicht-lokalen Geist.

Viele Arten, Phänomene in dieser Welt zu beschreiben, ändern sich mit der Sprache der Zeit. Vor einigen Jahren habe ich ein Buch mit dem Titel "Das holografische Universum" von Michael Talbot gelesen, in dem das Leben und die Werke von David Bohm, einem theoretischen Physiker, und Karl Pribram, einem Neurochirurgen und Professor für Psychologie, beschrieben werden. Darin untersucht Talbot die individuellen Ansätze der beiden, um den Geist und die Entstehung unserer Realität besser zu verstehen.

Aus unterschiedlichen Richtungen kommend, kamen beide laut Talbot zu ähnlichen Schlussfolgerungen. Diese Schlussfolgerung war, dass wir in einem Hologramm leben, oder, weil diese Welt eine kontinuierliche Entfaltung ist und kein statisches Bild wie von einem Hologramm erzeugt, wurde sie Holoversum genannt.

Ganz einfach ausgedrückt, und ich verlasse mich jetzt auf ein nicht allzu genaues Gedächtnis, beschreibt dieses Holoversum ein Multiversum, das aus dem Input des menschlichen Bewusstseins entstanden ist, um es einfach zu halten.

Ein Hologramm ist ein dreidimensionales Bild, das mit einem Laser, einem kohärenten Lichtstrahl, aufgenommen wird. Das Bild wird auf einer zweidimensionalen fotografischen Platte festgehalten. Im Gegensatz zu einem normalen fotografischen Bild, das aus vielen farbigen Pixeln besteht, ist dieses Bild eine komplexe Folge von Wirbeln und konzentrischen Kreisen. Dieses Bild ist so lange bedeutungslos, bis ein Lichtstrahl, der Laser einer identischen Kohärenz, durch es hindurchscheint.

Wenn du eine gewöhnliche Fotoplatte in eine Million Stücke zerbrechen würdest, käme ein Teil eines Pixels heraus, der das ursprüngliche Bild in keiner Weise wiedergeben würde. Wenn du das Gleiche mit einer holografischen Platte machen würdest, dann würde jeder Teil der zerbrochenen Platte die gleichen Informationen enthalten wie die komplette Platte, vielleicht ein bisschen unscharf, aber ansonsten wäre es eine genaue Darstellung des Originalbildes.

Das wird wichtig, wenn wir sehen, welche Rolle jeder von uns bei der Entstehung des sich entfaltenden Hologramms spielt. Wir sind alle Teile des Ganzen, die zum Ganzen beitragen, und faszinierenderweise enthalten wir alle die Informationen des Ganzen. Letztendlich kann das bedeuten, dass wir wirklich allwissend, allgegenwärtig und omnipotent, allmächtig sind. Nach meinem Verständnis ist dies der Zustand ohne Tod oder das wahre Verständnis der Natur des Geistes, wie es im Buddhismus beschrieben wird. Dieser Zustand oder der Zugang zu diesem Zustand existiert also bereits in uns. Wir sind in diesem Moment dieser Zustand, ob wir uns dessen bewusst sind oder nicht.

Wir könnten diesen nicht-lokalen Geist das Holoversum nennen. Es werden Informationen eingespeist, auf die reagiert wird und die dann wieder zurückgeführt werden.

Es ist das Wellenmuster, das wir auf einer holografischen Platte sehen, das die Welt erschafft, in der wir zu leben "scheinen". Die konzentrischen Kreise und andere Muster, die auf der holografischen Platte entstehen, erzeugen ein sogenanntes interferierendes Wellenmuster. Wenn ein Laser mit derselben Resonanzfrequenz, die das Muster erzeugt hat (in unserem Beispiel die Wahrnehmung eines Menschen), durch die Platte geschickt wird, entsteht durch diese Interferenz die Welt, in der der Mensch lebt. Während ein Hologramm ein statisches Bild ist, entfaltet sich das Holoversum ständig.

Stell dir vor, du stehst um einen großen Teich herum, den wir der Einfachheit halber den Ozean des (nichtlokalen) Geistes oder, wie ich es bevorzuge, das Meer des Bewusstseins nennen können. Dieser Teich hat schon viele Namen bekommen. Du wirfst einen Kieselstein in den Teich und die Wellen, die sich bilden, wenn der Kieselstein auf die Oberfläche des Teiches trifft, kräuseln sich in einem immer größer werdenden Muster. Wenn du das einzige Wesen wärst, das Kieselsteine in den Teich wirft, würden sich diese Wellen immer weiter ausbreiten, bis sie die andere Seite des hypothetischen Teichs erreichen, wo sie mit der entfernten Uferlinie reagieren und zurückprallen. Wenn die Wellen, die wir aussenden, auf die zurückgeworfenen Wellen treffen, bilden sie ein interferierendes Wellenmuster, das eine Antwort oder eine Reaktion auf den ursprünglichen Kieselstein hervorbringt.

Stell dir vor, der ursprüngliche Kieselstein wäre eine Emotion – ein energetischer Ausdruck von etwas, das dir sehr am Herzen liegt. Eine Emotion ist eine Übertragung von Energie, sie ist nicht etwas, das im Körper enthalten ist, das die Emotion hervorruft. Wie ein Radiosender, der Radiowellen aussendet, so senden auch wir Menschen unsere eigenen Signale aus, ob emotional, mental oder physisch. Alle unsere

Gedanken, Gefühle, Worte und Handlungen sind also Übertragungen in dieses Meer des Bewusstseins und kehren zu uns zurück.

Weitergedacht bedeutet dies, dass alles, was wir in das Meer senden, zu uns zurückkommt. Das bestärkt uns in unserem Glauben, dass alles, was wir hineingeben, real ist, und untermauert die Vorstellung, dass unsere Gedanken und Gefühle tatsächlich real sind und dass wir mit unserem Glauben an sie Recht haben. In Wirklichkeit gibt uns das Meer nur zurück, was wir hineingegeben haben, und hat nichts mit richtig oder falsch, gut oder schlecht zu tun. Es ist einfach ein leistungsfähiges biologisches Feedbacksystem.

Wir bekommen also zurück, was wir hineingegeben haben. Diese Idee führt zu dem heutigen Glauben, dass wir unsere eigene Realität erschaffen und somit Gesundheit, Reichtum und Glück oder alles dazwischen erschaffen können! Es gibt heute viele Programme, die dir zeigen, wie das geht.

Ach, wenn es doch so einfach wäre

Die Dinge werden kompliziert, wenn du erkennst, dass du nicht die einzige Person bist, die Kieselsteine in den Teich wirft. Jedes fühlende Wesen auf diesem Planeten wirft bewusst oder unbewusst oder beides Kieselsteine in den Teich. Wie du dir vorstellen kannst, führt dies zu einer großen Verwirrung von sich überlagernden Wellenmustern, die in das Bewusstsein des Einzelnen zurückgespült werden. Das verwirrt das Problem wer die Realität geschaffen hat.

Nun stell dir vor, dass Millionen von Menschen alle ähnliche Kieselsteine in den Teich werfen. Dadurch entsteht die Vorstellung, dass das, was dieses Kollektiv hineinwirft, tatsächlich die Realität ist. So weit, so gut. Aber was passiert, wenn Millionen von Menschen mit zwei gegensätzlichen Ansichten alle ihre eigenen, einzigartigen Kieselsteine in den Teich werfen? Es entstehen große, sich überlagernde Wellenmuster.

Aufgrund der Art der Reaktion des Teiches sind diese störenden Wellenmuster sehr intensiv. Das zwingt die ursprüngliche Gruppe von Millionen dazu, noch größere Kiesel in den Teich zu werfen, um die Natur der sich manifestierenden Realität zu beeinflussen oder ihre Vorstellungen durchzusetzen. Natürlich verteidigen die anderen Millionen ihre Überzeugungen, indem sie selbst mit größeren Kieselsteinen antworten.

Es gibt viele Spieler in diesem Spiel, viele gehören bestimmten Gruppen an, und alle werfen Kieselsteine in den Teich, um ihre eigenen Ideale von einer perfekten Welt zum Ausdruck zu bringen.

Stell dir vor, du hast eine Idee. Vielleicht ist es so, dass Tulpen essen am dritten Freitag im Monat wirklich gut für dich ist. Seltsam, aber ich habe schon eigenartigere Überzeugungen gehört! Nun überzeugst du ein paar Freunde davon, dass das eine gute Sache ist. Du und deine Freunde werfen diese Idee in den Teich, aber sie hat wenig Einfluss auf die vielen Wellenformen, die bereits im Teich existieren. Denke daran, dass du zurückbekommst, was du hineinwirfst, und dass der Geist ein erstaunlicher Ort ist, der deinen Beitrag nicht bewertet.

Eine andere Gruppe glaubt stattdessen, dass es der richtige Weg ist, am zweiten Dienstag im Monat Rosen zu essen. Weil so wenige an diese Ideen glauben, ist das Feedback minimal und die Idee gewinnt keine echte Zugkraft. Diese Ideen haben keinen wirklichen Einfluss auf das große Ganze.

Wenn deine Gruppe von Gläubigen wächst, steigt auch die Zahl der Kieselsteine, die in den Teich geworfen werden und die mit deiner Idee zu tun haben. Dies kann mit den widersprüchlichen Geschichten der Rosen-Gläubigen zusammentreffen und zu Konflikten führen, die bei ausreichender Energie auf die Welt überschwappen und zu einem offenen Konflikt führen können.. Dies geschieht mit allen Glaubensvorstellungen/Kieselsteinen, die in den Teich geworfen werden.

Wenn dieser Prozess weiter eskaliert, werden wir Gruppen haben, die größere Steine, Bomben und Raketen in den Teich werfen. Was für eine Reaktion dieses mächtigen Bio-Feedback-Geräts, das der Geist ist, wird das hervorrufen? Diejenigen, die Stöcke und Steine in den Teich werfen, erkennen die Natur ihres Handelns nicht und tragen nur zu dem daraus resultierenden Chaos, der Verwirrung und dem Konflikt bei. Solange sich der Einzelne nicht bewusst ist, welche Auswirkungen seine Handlungen auf das große Ganze haben, wächst die Energie, die dem Konflikt zugeführt wird, weiter an. Aber sind sie sich dessen wirklich nicht bewusst? Oder ist dies eine bewusste Handlung, um die Illusion von mehr Reichtum und Macht zu erzeugen?

Jedenfalls scheint es so, dass der Teich den Einzelnen nicht verurteilt für sein Handeln.

Die Herausforderung, vor der wir alle stehen, besteht vielleicht darin, nicht mehr auf die Ergebnisse der störenden Wellenmuster zu reagieren. Die ganze Zeit, in der wir reagieren, ob bewusst oder unbewusst, halten wir das Drama, das sich entfaltet, aufrecht. Durch unsere Reaktionen auf die sich manifestierende Realität werfen wir weiterhin Kieselsteine in den Teich und unterstützen damit eine Seite, ein Team, einen Glauben gegenüber einem anderen. Das muss in diesem Modell den Wellenformen mehr Energie hinzufügen und noch stärkere Reaktionen hervorrufen.

Das scheint in der Geschichte dieses Planeten immer so gewesen zu sein, jedenfalls soweit wir wissen. Eine Gruppe will zum Beispiel die Kontrolle, eine andere Gruppe widersetzt sich der Kontrolle, weitere Kieselsteine werden in den Teich geworfen, bis eine Gruppe die andere auslöscht. Damit ist das Drama natürlich noch nicht zu Ende, denn die Menschen, die unter den Folgen eines Konflikts leiden, sind nachtragend und färben die Steine, die sie ihrerseits in den Teich werfen.

Und so geht es weiter und weiter.

Zurück zum Individuum, das versucht, einen Weg durch all diese sich überschneidenden Wellenmuster zu finden. Es ist in der Tat eine Herausforderung, nicht Partei zu ergreifen, denn unser Gerechtigkeitsempfinden setzt unseren gesunden Menschenverstand außer Kraft – nicht willentlich, nicht mit Absicht. Denn wir alle wurden in unseren frühen Jahren darauf konditioniert, bestimmte Werte zu vertreten und zu glauben, dass bestimmte Verhaltensweisen gut oder schlecht sind. Wir haben unsere persönlichen Vorlieben und Abneigungen, die wir – wahrscheinlich unbewusst – ins Meer geworfen haben.

Diese Kieselsteine aus der Verangenheit, die wir unbewusst ins Meer geworfen haben, kommen zu uns zurück und bestätigen unsere Ansichten, geben uns das Gefühl, dass das, was wir glauben, richtig ist, und bestärken uns darin, dass wir mit unserer Meinung richtig lagen.

Durch diese Rückmeldungen wird unsere Persönlichkeit, die in jedem Streit natürlich Partei ergreift, gefestigt und bestätigt. Denn unsere Realität basiert auf dem, was wir – wenn auch unbewusst – zu glauben gelernt haben, und beeinflusst daher die Art von Kieselsteinen, Emotionen, Gedanken, Worten und Handlungen, die wir ins Meer werfen.

Es ist eine ziemliche Herausforderung, herauszufinden, ob an dem Feedback, das wir bekommen, etwas Wahres dran ist. Eine Herausforderung, weil der Mensch, der versucht, Fakten von Fiktion zu unterscheiden, bereits im Traum verloren ist. Er stützt seine Antworten auf die Idee von Wahrheit auf seine konditionierte Vergangenheit. Durch die Energie, die er ins Meer gesteckt hat, wurde diese Idee durch Rückmeldungen noch verstärkt.

Ein echtes Dilemma

Ein großer Teil der Herausforderung, vor der wir als Einzelne stehen, wenn wir versuchen, dem Meer das zuzuführen, was uns mehr Gesundheit, Reichtum oder Glück bringt, besteht darin, dass wir unsere eigenen Bemühungen sabotieren. Das ist keine bewusste Sabotage – das wäre verrückt – sondern es liegt daran, dass unsere Motivation, unsere Lebensumstände zu ändern, auf der Unzufriedenheit mit dem beruht, was wir bereits haben. Wir wollen immer mehr, egal von was.

Dass wir nicht mehr bekommen, liegt an den Aspekten unseres Selbst – um auf Jungs Schatten zurückzukommen – die wir erst noch annehmen und ins Licht des Bewusstseins bringen müssen. All diese Teile des Selbst tragen auch zu unserer Realität bei, indem sie Kieselsteine in den Teich werfen. Das mag erklären, warum wir nicht immer das bekommen, was wir wollen. Tatsächlich ist ein Großteil des Feedbacks, das wir bekommen, gegensätzlich zu dem, was wir wollen: Konfliktsituationen, Anfechtungen an unsere Art zu sein, Herausforderungen von Situationen oder Menschen, die in unserem Leben auftauchen und die Unzufriedenheit oder offene Konflikte zu erzeugen.

Als Ergebnis frühkindlicher Konditionierung werden bestimmte Erfahrungen, die das Kind aufgrund seines Alters, seiner Unreife usw. nicht akzeptieren konnte, verdrängt, weil sie zu schmerzhaft sind, um sie anzuerkennen. Dies könnte der Beginn der Schattenbildung sein und ich glaube, dass dies ein weiterer Schritt auf dem Weg zur Individualisierung der Person ist.

Während wir die Rolle des Schattens bei der Erschaffung unserer persönlichen Realität nicht anerkennen, erleben wir, wie bereits erwähnt, das, was Jung "unser Schicksal" nannte. Wir reagieren darauf, indem wir einen weiteren Kieselstein in den Teich werfen. Damit versuchen wir, die Auswirkungen oder die Rückmeldungen zu neutralisieren, die wir tagtäglich bewusst oder unbewusst von den Kieselsteinen erhalten, die wir zuvor in das Meer geworfen haben.

Es scheint ein nie endender Prozess zu sein, bei dem wir ständig versuchen, die Rückkopplung auszugleichen, indem wir weitere Kieselsteine hinzufügen.

Der Buddha soll gesagt haben:

"Tue oder sage nichts, was Reue erzeugt".

Ich vermute, er sagte das wegen der ständigen Rückkopplung, die mit dem Einwerfen von Kieselsteinen in den Teich verbunden ist. Diese Rückkopplung kann eine Energie der Reue erzeugen, die dann zurückprallt und zum Teil deine Realität beeinflusst oder sogar erschafft.

Ich erkenne den Wert des Nicht-Reagierens, basierend auf dem Modell des Holoverse. Ich erkenne auch die Probleme, die damit verbunden sind, nichts zu tun oder zu sagen, was Reue auslöst. Wenn wir uns der Kieselsteine, die das Unterbewusstsein, der Schatten, in den Teich wirft, nicht bewusst sind, wie können wir dann wirklich für unsere Gedanken, Worte oder Handlungen oder sogar für unsere Reaktionen auf die Erfahrungen des Lebens verantwortlich sein? Wir denken, tun oder sagen Dinge aus einer konditionierten Vergangenheit, die die Schattenaspekte des Selbst beinhaltet, deren wir uns naturgemäß nicht bewusst sind. So scheint es unvermeidlich, dass wir genau diese Situationen schaffen, in denen Reue nicht nur möglich, sondern unvermeidlich ist.

Solange wir uns dieser Aspekte des Selbst nicht bewusst sind, werden wir weiterhin Dinge tun oder sagen, die Gewissensbisse auslösen, die Folgen erleiden und darauf reagieren, indem wir noch mehr Steine der Schuld und des Urteils – über andere oder uns selbst – in den Teich werfen, was unser Leben noch komplizierter macht, da die Rückmeldungen schließlich eintreffen und unseren Glauben an unsere eigene Sichtweise noch einmal verstärken.

Es scheint mir wichtig, dass wir anfangen zu erkennen, welche Rolle wir bewusst und unbewusst bei der Erschaffung unserer persönlichen Realität spielen. Zunächst müssen wir anerkennen, dass wir Schattenaspekte unseres Selbst haben. Aspekte, von denen wir nicht wissen, dass wir sie haben. Sie sind in unserem Unterbewusstsein verborgen, aber in unserem Leben täglich als Probleme, Herausforderungen und unangenehme Situationen präsent.

Wenn wir erkennen können, dass die Person, für die wir uns halten, tatsächlich ein Produkt unserer eigenen Schöpfung ist, kehrt das, was wir bewusst oder unbewusst ins Meer geleitet haben, zurück und zeigt uns genau das, was wir ins Meer geleitet haben. Das bestätigt unsere persönlichen Überzeugungen, aber nicht immer in einer Weise, die uns gefällt oder die wir gutheißen. Solange wir die Kieselsteine, die wir in den Teich werfen, nicht ändern, kann sich auch unsere manifestierte Realität nicht ändern. Solange wir uns nicht bewusst sind, welche Rolle der Schatten bei der Erschaffung der Welt, in der wir leben, spielt, werden wir weiterhin die gleichen alten Probleme erschaffen.

Wenn unsere Realität tatsächlich auf diese Weise erschaffen wird, dann halte ich es für unglaublich wichtig, dass so viele Menschen wie möglich dies erkennen und begreifen, dass viele unserer Probleme von uns selbst verursacht wurden. Es wird immer (?) diejenigen geben, die Opfer der Handlungen anderer bleiben, scheinbar unschuldig – auf diese Unschuld werde ich später eingehen.

Wenn wir davon ausgehen, dass dieses "Holoversum"-Modell eine genaue Darstellung dessen ist, wie die "Realität" entsteht, dann leben wir nicht in einer computergenerierten Realität, sondern in einem komplexen Bio-Feedback-Gerät.

Wenn wir uns, wenn auch nur für einen Moment, darauf einigen können, dass der Geist nicht lokal ist, d. h. er ist immer und überall und enthält alles Wissen aus der Vergangenheit und Gegenwart, möglicherweise auch aus der Zukunft, dann sind auch die Zustände der Allwissenheit, Allmacht und Allgegenwart Möglichkeiten, die im Hier und Jetzt existieren. Dann ist es leicht zu erkennen, dass dieser nicht-lokale Geist ein Lagerhaus für umfangreiches Wissen und Informationen ist. Vielleicht geben wir unser eigenes Wissen und unsere Erfahrungen, unsere Urteile und Werte an den Geist zurück, und genau so kann der Geist sich selbst erkennen.

Denn ohne einen objektiven Beobachter scheint der Geist nicht zu existieren, und wenn wir nicht außerhalb des Geistes stehen, können wir ihn auch nicht wirklich kennen. Manche Menschen bezeichnen diesen Geist als Gott, andere haben ein anderes Wort gewählt, aber ich denke, es gibt gute Argumente für seine Existenz, vor allem, wenn du das Thema recherchierst und nachsiehst, wer sich dazu geäußert hat.

Zugang zu einem größeren Bild

Einige Persönlichkeiten aus unserer fernen Vergangenheit, aus der jüngeren Vergangenheit und aus deiner Gegenwart haben Zugang zu Wissen und Weisheit, der weit über das hinausgeht, was die meisten Menschen wissen. Könnte es sein, dass ihr Fokus sehr spezifisch war und sie sich, wenn du so willst, auf ein bestimmtes Wissen eingestimmt haben, das schon immer im Geist vorhanden war, und dass sie dieses Wissen und diese Weisheit zurückgebracht haben, um es mit dem Rest der Menschheit zu teilen?

Ist es das, was ein guter Musiker tut? Ein Künstler? Ein Wissenschaftler? Ein Ingenieur? Ist es das, was "ich" tue?

Habe ich mich – aus welchen Gründen auch immer, von denen einige im Laufe des Buches genannt werden – auf eine Quelle der Weisheit eingestellt, die weit über das hinausgeht, was ich für möglich gehalten habe? Ist es das, was jeder von uns tut? Denn wenn wir persönlich keinen Verstand haben, sondern die Fähigkeit, uns auf den Geist einzustimmen, dann sind die Gedanken, die wir haben, nicht unsere eigenen, sie haben ihren Ursprung nicht in unserem Verstand.

Wenn wir keinen individuellen Verstand haben, dann müssen die Gedanken von irgendwo außerhalb unseres Selbst, dem Geist, kommen. Dennoch halten wir an dem Glauben fest, dass es unsere Gedanken sind, vor allem, weil uns nie etwas anderes beigebracht wurde und weil es in unserem Leben keine vernünftige Alternative gab.

Keine vernünftige Alternative hat sich gezeigt, weil unser Focus oft zu eng ist. Der enge Fokus entsteht durch die Konditionierung, die wir erfahren haben, eine Konditionierung, die von anderen an uns weitergegeben wurde, von unseren Eltern! Eltern, die selbst Informationen von ihren Eltern erhalten haben. Selten gibt es die Möglichkeit, sich von dieser konsensualen Sicht der Realität zu lösen, um zu verstehen, was, warum und wie. Die Menschen erforschen das Was, Warum und Wie, doch die meisten tun dies aus der Sicht der begrenzten menschlichen Fähigkeiten, die immer noch das, was sie als Realität sehen, als gegeben hinnehmen, ohne zu erkennen, dass ihre Suche innerhalb der Schranken der Begrenzung liegt.

Trotzdem nenne ich dies das Erforschen des Geistes, oder möglicherweise der Geist, der sich selbst kennenlernt.

Wohin deine Aufmerksamkeit geht

Es ist mir klar geworden, dass wir unsere Realität dort erschaffen, wo wir unsere Aufmerksamkeit hinlenken. Wir tun dies auf einer einfachen, persönlichen Ebene, indem wir die Physiologie unseres Körpers durch veränderte Gedanken oder ein gerichtetes Bewusstsein verändern. Wenn wir uns auf die Vergangenheit konzentrieren, wiederholen wir alte Muster und sind dabei in einer Schleife gefangen, die wir wahrscheinlich selbst geschaffen haben. Eine Schleife, die uns ständig dazu zwingt, entweder auf dieselbe alte Art und Weise zu antworten oder zu reagieren, oder auf eine andere Art und Weise.

Der Konflikt, den wir auf unserem Planeten erleben, ist ein Produkt der Vergangenheit, nichts entsteht einfach so aus dem Nichts, alles hat eine Vergangenheit. Es mag offensichtlich sein, aber wo dies nicht oder nur wenig verstanden wurde, baut sich in jedem System Stress auf. Im Fall von offenen Konflikten hat der Stress ein Ausmaß erreicht, bei dem die Unsicherheit, die meiner Meinung nach grundlegend für den menschlichen Zustand ist, einen solchen Punkt erreicht hat, dass der Stress nicht mehr eingedämmt werden kann und sich in einem offenen Konflikt entlädt.

Vielleicht wären Konflikte unnötig, wenn wir alle erkennen würden, dass wir in einem "Holoversum" leben und dass alles, was in unserer Realität auftaucht, aus Informationen in Form von Gedanken, Gefühlen, Worten und Handlungen entsteht, die in der Vergangenheit im "Holoversum" eingespeist worden sind. Wenn du immer wieder dieselben Informationen einspeisst, kannst du davon ausgehen, dass sich eine Welt, in der es Konflikte gibt, weiter entfalten wird.

Es ist ziemlich naiv, immer wieder dieselben Informationen in dieses Modell einzuspeisen und zu erwarten, dass es zu einem glücklichen, friedlichen Ergebnis führt. Diejenigen, die sich in dem Glauben verlieren, dass ein friedlicher Ausgang möglich ist, wenn sie ihre Ecke der Welt beherrschen können, verstehen nicht, dass es viele Parteien gibt, die ebenfalls in dem Drama verloren sind und glauben, dass ihre Wege die einzigen Wege sind. Dieses Denken wird nicht aufhören, solange es ein Gefühl von besser als, richtiger als, verdienter als gibt.

Für all die Spieler/innen, die sich in dem Drama verirrt haben, die ihre Rollen so ernst nehmen und die sterben, weil sie immer noch stark mit ihrer Rolle verbunden sind, gibt es einen Preis zu zahlen.

Denn das Spiel hört nicht mit dem Tod auf, deshalb wurden diese Informationen in ein Buch aufgenommen, das den todeslosen Zustand erforscht.

Die Bardos

Meines Wissens ist dies ein buddhistischer Begriff, der ein Reich des Werdens bedeutet.

Was ist ein Reich des Werdens? Für diejenigen, die es nicht so gut verstehen wie ich, möchte ich Folgendes sagen.

Akzeptiere für den Moment, dass der Geist nicht ortsgebunden ist, sondern ein riesiger Speicher von Informationen aus der Vergangenheit, Gegenwart und Zukunft ist und dass das Holoversum eine ziemlich genaue Beschreibung dafür ist, wie unsere Realität erschaffen wird. Wenn wir das akzeptiert haben, sehen wir, wie unser kontinuierlicher Input in den Geist, das Holoversum, die Welt erschafft, in der wir leben.

Als Nächstes müssen wir akzeptieren, dass wir nicht die isolierten Individuen sind, für die wir uns derzeit halten. Stattdessen sind wir ein Teil des Geistes, ein aktiver Teil des Geistes. Wir erhalten Informationen vom Geist, wir geben Informationen an den Geist zurück. Wahrscheinlich sind wir alle Aspekte des Göttlichen.

Wenn du eine Emotion erlebst, ist das Ergebnis umso deutlicher, je stärker die Emotion ist. Je nachdem, wie sensibel du bist, hast du vielleicht einen Raum betreten, in dem gerade ein heftiger Streit stattfindet, oder es ist erst kürzlich passiert. Du kannst die Veränderung der Energie im Raum spüren, vielleicht ist es ein unangenehmes Gefühl für dich. Aber der Raum ist definitiv emotional aufgeladen.

Was passierte? Ich glaube, eine oder beide (vielleicht auch mehrere) Konfliktparteien haben sich stark mit einem bestimmten Gefühl identifiziert. Zurück zu meinen biologischen Grundlagen: Wenn wir ein Gefühl im Körper wahrnehmen, ist unsere konditionierte Reaktion, uns mit diesem Gefühl zu identifizieren. Ob wir uns dessen bewusst sind oder nicht! Wenn wir uns dessen nicht bewusst sind, bleiben wir natürlich ein Opfer unseres Unterbewusstseins, des Schattens oder vergangener Konditionierungen.

Meistens können wir uns nicht selbst helfen, wir können uns nicht einfach zurücklehnen und die chemischen Reaktionen, die im Körper ablaufen, objektiv betrachten. Meistens handelt es sich um Gefühle, die uns vertraut sind, d.h. wir haben sie schon einmal erlebt. Je öfter sie in der Vergangenheit aufgetreten sind, desto reaktiver werden wir. Je reaktiver wir sind, desto weniger Zeit bleibt uns, die Veränderung der Körperchemie zu bemerken, und wir verlieren uns schnell in dem Gefühl.

Eine spürbare Veränderung der Körperchemie tritt auf, wenn eine Chemikalie, in diesem Fall Aminosäuren, in die Körperzellen eindringt und das erleben wir z. B. als Wut.

Weil wir uns mit unserem Körper und seinen Emotionen identifizieren, glauben wir, dass wir wütend sind. Das lässt das Gehirn wissen – ein Gehirn, das nicht über das urteilt, womit du dich identifizierst – dass es mehr Neuropeptide produzieren soll, die wiederum mehr Aminosäuren erzeugen, die, wenn sie in die Zellen gelangen, ein noch intensiveres Gefühl von Wut erzeugen.

Das führt dazu, dass wir noch mehr Wut empfinden, so dass wir jetzt denken, dass wir sehr wütend sind (du kannst "Wut" gegen jede beliebige Emotion austauschen), und indem wir uns mit der Chemikalie der Wut identifizieren, werden noch mehr Chemikalien erzeugt. Dieser Prozess setzt sich so lange fort, bis wir unsere Wut nach außen hin ausdrücken.

Stell dir nun vor, dass sich die Physiologie deines Körpers von einem friedlichen Zustand zu einem sehr wütenden Zustand verändert. Du merkst, wenn du einer friedlichen Person begegnest und dein Körper auf die Friedfertigkeit reagiert. Er fühlt sich wohl, keine Bedrohung für dich und deshalb reagiert dein Körper auf diesen Zustand. Das Gleiche passiert, wenn du einer wütenden oder ängstlichen Person begegnest. Dein Körper reagiert auf die Energie deines Gegenübers. Auch wenn nichts gesagt wurde, gibt es eine unterbewusste Reaktion auf das, was ich für eine energetische Übertragung halte.

Dann sollte es klar sein, dass dein Körper auf Informationen reagiert, die nicht beobachtbar sind, sondern auf eine energetische Übertragung.

Stell dir diese energetische Übertragung als einen Kieselstein vor, der in den Geist, das Holoversum oder wie auch immer du dieses Feld, diese Quantensuppe, nennen willst, geworfen wird. Die Wellen dieses Kieselsteins breiten sich aus und beeinflussen nicht nur die Menschen in der Nähe, sondern in geringerem Maße auch jeden im Teich. Diese Wellen interagieren mit allen anderen Wellen im Teich und erzeugen so das interferierende Wellenmuster, das die Grundlage für die Entstehung eines Hologramms oder in unserem Fall eines Holoversums ist. Die Realität, die wir unbewusst in den Teich geschickt haben, kommt als unangenehme Realität zu uns zurück und zwingt uns, darauf zu reagieren, oft mit einem größeren Kieselstein. Und so geht es weiter. Die ganze Zeit versuchen wir, die Auswirkungen der Kiesel auszugleichen, die wir zuvor in den Teich geworfen haben.

Wenn das stimmt, dann sind wir eine Gemeinschaft, die mit Symptomen zu kämpfen hat, ohne die wahre Ursache dieser Symptome zu kennen. Solange wir die Symptome behandeln und die Ursache ignorieren, wird es immer mehr Symptome geben, die wir behandeln müssen. Ich glaube nicht, dass der Ursprung, die grundlegende Ursache für die Symptome, mit denen wir heute konfrontiert sind, durch einen Blick in unsere Vergangenheit gefunden werden kann.

Wenn alles ein Produkt des Geistes ist und keine Grundlage in der Realität hat, sondern nur das, was wir als Realität wahrnehmen, dann muss es illusorisch sein, denn es wird geschaffen von früheren Kieselsteinen, die in den Teich geworfen wurden. Der Versuch, eine Illusion zu verstehen oder zu begreifen, anstatt sie zu durchschauen, ist wie der Versuch, ein Kindermärchen zu verstehen oder zu begreifen.

Wenn wir unserer Vergangenheit weiterhin Energie zuführen, um sie zu verstehen, halten wir sie einfach nur am Leben. Wenn wir uns stattdessen darin üben würden, unsere Aufmerksamkeit auf eine andere Realität zu richten, d.h. die Kieselsteine zu verändern, die wir in den Teich werfen, würden wir eine andere Realität schaffen, eine, die die Vergangenheit nicht unterstützt. So können wir unsere Zeit viel besser nutzen.

Ein herausforderndes Konzept

Es wird wahrscheinlich viele Einwände gegen diesen Ansatz geben, vor allem von denen, die darauf trainiert oder konditioniert sind zu glauben, dass das Verstehen der Vergangenheit der Weg nach vorne ist. Auch hier gilt, dass das, was du in den Geist steckst, zu dir zurückkommt und dich in deinem Glauben bestärkt, dass deine Sichtweise gültig ist. Das ist die Natur der Welt, in der wir leben. Ich vermute, dass wir in einem Universum leben, in dem man sich alles selbst ausdenken kann. Alles, was du einbringst, erscheint gültig und bestätigt deine ursprünglichen Überzeugungen. Nach diesem Verständnis funktioniert alles, jeder Ansatz, jede Methode. Die einzige Einschränkung ist, wie viele Menschen glauben, dass es funktioniert. Wie viele Abonnenten hast du, die deine Überzeugungen unterstützen?

Es ist leicht, Werbung und Propaganda als Mittel zu sehen, eine Stimme zu bekommen. Je mehr Stimmen du hast, desto "echter" erscheinen deine Projektionen.

Wir alle erforschen den Geist, einen Geist, der keine Urteile und keine Grenzen kennt. Was du hineingibst, bekommst du zurück. Je mehr

Steine zum Beispiel von denjenigen in den Teich geworfen werden, die an eine bestimmte Heilmethode glauben, desto mächtiger wird sie. Wenn dies zu einer stärkeren Bindung an die Assoziation oder Identifikation mit dem Körper führt, der in irgendeiner Weise verantwortlich ist, dann wird es wahrscheinlich nicht zum todeslosen Zustand führen, sondern dich auf eine fortlaufende Erkundung des Bewusstseins durch Trennung führen, d.h. in einen anderen Körper. Die Macht jeder Modalität ist einfach ein Ausdruck des Geistes, der unendlich zu sein scheint. Der Bereich, in dem dieser Geist erforscht werden kann, ist grenzenlos. Die einzigen Grenzen sind die, die durch die Vorstellungskraft des Einzelnen und die Steine, die er in den Teich wirft, gesetzt werden, er gelangt dorthin wohin er seine Aufmerksamkeit oder seinen Fokus richtet.

Wenn die Buddhisten also von der wahren Natur des Geistes sprechen, was meinen sie dann? Sind wir nicht bereits ein Teil des Geistes? Anders kann es doch gar nicht sein! Wir sind bereits ein Aspekt des Geistes. Der einzige Unterschied, den ich mir vorstellen kann, ist, dass wir nur auf einen sehr kleinen Teil des Geistes zugreifen, nämlich den, auf den wir uns bewusst oder auf andere Weise konzentrieren. Dieser Fokus hat viel mit einer Persönlichkeit zu tun, die einen kleinen Teil des Geistes beobachtet und das, was sie beobachtet, persönlich ernst nimmt. Mit anderen Worten: Wir nehmen das Feedback, das wir vom Geist oder dem Holoversum erhalten, persönlich.

Das ist es, was wir für real halten, aber es ist nur ein sehr begrenztes Verständnis des Geistes, weil der Beobachter, die Persönlichkeit, ihn immer noch mit sehr konditionierten Augen sieht. Und so brillant der Mensch auch sein mag, so begrenzt ist er doch in dem, was er sehen und verstehen kann.

Nach der buddhistischen Lehre verlieren wir buchstäblich unseren "Geist", wenn wir geboren werden. Das bedeutet, dass wir uns bereits vor unserer Geburt im Zustand der wahren Natur des Geistes befanden. Ich persönlich bin mir nicht so sicher, ob wir uns dessen bewusst waren und das erfordert einen weiteren Absatz!

Clearing und die Praxis der Akzeptanz

Vieles von dem, worüber ich schreibe, habe ich in Büchern gelesen, die mir über den Weg gelaufen sind, aber das wirkliche Verständnis, das sich entwickelt hat, kam von anderer Stelle.

Durch meine "Clearing" Arbeit, was im Wesentlichen die Praxis der Akzeptanz ist, sind viele "Schichten" der Persönlichkeit abgefallen. Diese Aspekte der Persönlichkeit sind nicht real, sondern nur das, was ich aufgrund früherer Konditionierungen für real hielt.

Stell dir ein Neugeborenes vor, das sich noch im Zustand des Einsseins befindet und die Fähigkeiten entwickelt, um in einem Körper zu überleben, aber auch Informationen und Erfahrungen erhält, die den Weg dieses Individuums auf seiner Reise durchs Leben prägen. Nicht alle Informationen sind nützlich, vieles davon ist nur Hörensagen, das von Generation zu Generation weitergegeben wird. Wenn das heranwachsende Kind ein echtes oder eingebildetes Trauma erlebt, hat das einen großen Einfluss auf seinen Lebensweg.

Wir können diese Schichten, aus denen sich die Persönlichkeit zusammensetzt, als Filtersystem bezeichnen. Wir sehen die Welt mit Augen, die von dem geprägt sind, was uns beigebracht wird und was wir erleben. Diese Filtersysteme färben natürlich die Erfahrung. Wenn du zum Beispiel in ein gewalttätiges Elternhaus hineingeboren wurdest, bist du darauf konditioniert, die Welt als einen gewalttätigen Ort zu sehen. Ich habe mit Menschen gearbeitet, die die Welt durch das Filtersystem der Gewalt sehen – das ist keine glückliche Welt. Es gibt viele Filtersysteme, durch die verschiedene Menschen ihr Leben erleben. Das Problem mit Filtersystemen ist, dass sie den Menschen dazu bringen, eine bestimmte Erwartungshaltung an die Welt zu haben. Mit der Erwartung kommt die scheinbare Realität.

Wenn wir davon ausgehen, dass das Konzept des "Holoversums" die Weltanschauung ist, die die Realität erschafft, die wir erwarten, dann legst du diese Erwartung in das Holoversum und der Geist gibt sie an dich zurück und bestätigt deine Erwartung, dass die Welt ein gewalttätiger Ort ist. Dies geschieht auf vielen Ebenen, und je nachdem, was wir in das Holoversum eingeben, bestimmt der Geist, was wir zurückbekommen.

Wenn wir Tag für Tag, Jahr für Jahr dieselbe alte Geschichte in das Holoversum eingeben, ohne uns dessen bewusst zu sein, erschaffen wir eine persönliche Realität, die auf den Bedingungen basiert, die wir zu glauben gelernt haben und die unsere Weltsicht so stark bestätigen, dass es keine anderen Möglichkeiten gibt. Dies führt zu großen Spaltungen zwischen den Völkern, die letztlich zu Konflikten führen. Selbst Konflikte sind dann eine Bestätigung dafür, dass die Welt so ist, wie wir sie erwartet haben.

Aber... was glaubst du, was du zurückbekommen würdest, wenn wir die alte Geschichte nicht mehr in die Suppe einspeisen würden? Wie würde deine Welt aussehen, wenn du das ändern würdest, was zu ihrer Entstehung beigetragen hat?

Wenn man sich in einem Drama verliert, ist es schwer zu erkennen, dass es überhaupt Optionen gibt. Die wenigen Optionen, die uns offen stehen, hängen immer noch davon ab, was in das Holoversum hineingesteckt wird, und wenn du glaubst, dass größere Kieselsteine, Felsen oder Bomben deine Sicherheit und deinen Komfort erhöhen, dann versuchst du immer noch, eine Welt zu erschaffen, die auf deiner offensichtlichen Unsicherheit basiert.

Und natürlich ändert sich nichts wirklich

Wenn wir weiterhin davon ausgehen, dass der Geist tatsächlich nicht ortsgebunden ist, dass die Zustände der Allwissenheit, Allmacht und Allgegenwart im Geist existieren, dann sind dies Zustände, die allen einzelnen Komponenten des Geistes, also mir und dir, zugänglich sein müssen.

Was hindert uns daran, diese Zustände zu erkennen? Was hindert uns daran, uns dieser Zustände überhaupt bewusst zu sein? Was hindert uns daran, die Vorteile und die unglaubliche Kraft zu erkennen, die mit dem Verständnis und der völligen Akzeptanz dieser Zustände einhergehen?

Nach der buddhistischen Lehre sind es unser Karma und unsere Verstrickungen, die uns daran hindern, die wahre Natur des Geistes zu erkennen.

Karma ist ein allgemein akzeptiertes Wort, das oft verwendet wird, um den Weg eines Menschen und die Herausforderungen, denen er sich stellen muss, zu beschreiben.

Wenn wir einen Schritt zurücktreten und Karma von einem objektiveren Standpunkt aus betrachten, sieht es so aus, als ob alle Handlungen, alle Gedanken und alle Worte das Ergebnis dessen sind, was vorher war. Wie könnten sie auch anders sein! Alle Handlungen, die wir in diesem Moment ausführen, sind das Ergebnis von Gedanken, Überzeugungen und Handlungen, die vorher stattgefunden haben.

Nehmen wir zum Beispiel die Person, die die Welt als einen Ort der Gewalt sieht. Diese Person erwartet, dass die Welt gewalttätig ist. Woher diese Überzeugung kommt, ist im Moment nicht wichtig. Es reicht zu wissen, dass diese Person eine Erwartung hat und dass der Geist diese Erwartung bestätigt.

Die Person speist also eine Erwartung in den Geist ein und der Geist bestätigt, dass die Welt tatsächlich ein gewalttätiger Ort ist. Keine Verurteilung, denk dran! Was bleibt dem Menschen dann anderes übrig, als auf die Gewalt zu reagieren, die er die ganze Zeit um sich herum sieht? Jemand, der in eine Welt des Mangels hineingeboren wird, wurde darauf konditioniert, diese Erwartung an den Geist zu stellen, und was gibt der Geist zurück?

Es wird gesagt und geglaubt, dass dieses Feedback das Karma des Einzelnen ist.

Karma kann man sich am besten als "Ladung" vorstellen, wie die Ladung in einer Batterie. Die Ladung selbst ist weder gut noch schlecht, richtig oder falsch, sie ist einfach nur Ladung. Wenn die Ladung in der Batterie aufgebraucht ist, enthält sie keine Ladung mehr, und wenn es sich nicht um eine wiederaufladbare Batterie handelt, ist sie jetzt nutzlos.

Wenn wir Karma aus dieser einfachen Beobachtung heraus verstehen, verstehen wir, dass Karma Ladung ist, die abgearbeitet, losgelassen werden muss. Doch anstatt sie abzuarbeiten, scheinen sich die meisten Menschen in dieser karmischen Ladung zu verlieren und fügen ihr, anstatt sie abzuarbeiten, etwas hinzu. Wir verstärken sie durch die Energie, die wir den Situationen geben.

Zurück zu den Erwartungen von Gewalt oder Mangel: Immer wenn wir dieselbe Energie in das System zurückführen, werden sich auch dieselben Ergebnisse einstellen. Weil die Rückkopplungsschleife so unglaublich real erscheint, ist es schwer, sich vorzustellen, dass es eine Schleife gibt, aus der man aussteigen kann. Wir sind völlig in die Realität hineingesogen worden, die wir selbst geschaffen haben. Sie erscheint uns so real, dass wir alles tun, um diese "Realität" zu verteidigen.

Indem wir unsere Realität verteidigen, geben wir einem illusorischen Zustand Energie und sorgen so dafür, dass das Karma niemals stirbt. Ich sage illusorisch, denn wie Erwin Schrödinger einmal sagte: "Das Weltbild eines jeden Menschen ist und bleibt ein Konstrukt seines Verstandes und es kann nicht bewiesen werden, dass es eine andere Existenz hat".

Oder der Buddha:

"Die objektive Welt entspringt dem Geist selbst".

Diese Aussagen bestätigen die illusorische Natur der Realität, die durch die Energie "am Leben" gehalten wird, die Einzelpersonen oder große Gruppen von Einzelpersonen in das System, den Geist, einspeisen.

Stell dir vor, das Kollektiv würde aufhören zu glauben, dass Gewalt die Antwort auf all seine Probleme ist oder dass Mangel ein Konzept ist, das nicht mehr existiert.

Später werde ich erklären, warum ich glaube, dass Karma selbst eine Illusion ist.

Karma kann also in vielen Formen auftreten, aber egal, in welcher Form es erscheint, es ist eine Ladung, die ausgedrückt werden muss.

Ein kurzes Beispiel. Mein Vater wollte schon immer die Welt bereisen, aber aufgrund der Lebensumstände war es ihm nicht möglich, dies zu tun. Das war eine karmische Ladung, die er nicht ausdrücken konnte, und was passiert? Er gab diese Ladung an mich weiter. Viele

Jahre lang hatte ich keine Ahnung, dass ich an einer Last arbeitete, die ich von meinem Vater "geerbt" hatte. Bis ich eines Tages erkannte, dass mein eigener Wunsch, die Welt zu bereisen, tatsächlich die karmische Ladung war, die mein Vater nicht ausdrücken konnte.

Als ich das begriff, konnte ich diese Ladung bewusst abarbeiten, ohne sie zu verstärken, sondern um sie loszulassen.

Ich bin um die Welt gereist und habe so viele Länder besucht und mit so vielen verschiedenen Menschen gelebt, dass ich gar nicht mehr das Bedürfnis habe, viel zu reisen. Vielleicht noch wichtiger ist, dass ich die karmische Ladung des Weltenbummelns nicht an meinen Sohn weitergegeben habe, denn er ist damit zufrieden, ein "Heimatkörper" zu sein.

Es ist interessant, dass aus buddhistischer Sicht die Ladung oder das Karma durch einen lebenden Körper ausgedrückt werden muss. Wenn wir diese physische Realität verlassen haben, gibt es niemanden mehr, der Ladung loslassen kann, weil es keinen Körper und kein Bewusstsein mehr gibt, die das tun könnten. Wenn du viel Space Clearing gemacht hast, wie ich es gelehrt habe, wirst du die Rückstände von Ladungen in Gebäuden, auf dem Land oder in Verbindung mit Möbeln erlebt haben. Eine Person hat vor ihrem Tod Ladung ausgedrückt, zum Beispiel einen emotionalen Ausdruck, ohne sich dessen bewusst zu sein. Eine solche Ladung verbleibt, abhängig von verschiedenen Umweltfaktoren, in dieser Umgebung, bis sie freigesetzt wird.

Wenn wir das nicht verstehen, wenn wir immer noch von einem gewissen Grad an Unsicherheit getrieben werden, dann würden wir diese Ladung wahrscheinlich vermeiden oder leugnen, selbst wenn wir in der Lage wären, diese Ladung zu erkennen. Das Erkennen von Ladung hängt von der Sensibilität der Person ab, die die Situation erlebt, und/oder von der Intensität der Ladung selbst. Meine Erfahrung (und die vieler anderer) ist, dass wir Ladung, die sich im Raum befindet, freisetzen können. Der lebende Körper gibt jede Ladung frei, wenn bestimmte Bedingungen erfüllt sind.

Wenn wir diesen Gedankengang weiterverfolgen, würden wir wahrscheinlich zu dem Schluss kommen, dass alles, jeder Gedanke, jedes Wort und jede Handlung karmisch ist. Unsere gesamte Erfahrung ist karmisch und drückt die Ladung aus, die sich angesammelt hat. Wenn wir das nicht erkennen, laden wir uns weiter auf, was den Druck erhöht, etwas zu "tun", um uns und den Menschen, die uns am nächsten stehen, ein angenehmeres Leben zu ermöglichen. Dieses "Tun" fügt nur weitere Ladung hinzu, die dann irgendwann freigesetzt werden muss. Gewalttätige Konflikte sind oft das Ergebnis einer Ladung, der Energie gegeben wurde und der weiterhin Energie zugeführt wird, bis sie explodiert.

Dann wird deutlich, dass das Karma uns tatsächlich davon abhält, mehr Informationen zu erhalten über die befreiende Natur des Geistes. Die ganze Zeit nehmen wir das, was uns begegnet persönlich, oder identifizieren uns mit dem, was wir glauben unser Karma ist. Unser Verständnis der Welt ist auf die Wahrnehmungen und Überzeugungen beschränkt, die sich auf Glaubensmuster der Vergangenheit stützen.

Unsere Fähigkeit, das große Ganze zu sehen, ist vergleichbar mit dem Blick durch ein Schlüsselloch auf die Decke der Sixtinischen Kapelle. Wir bekommen einen flüchtigen Eindruck von der Pracht, aber wir sehen nie das ganze Werk.

Verdunkelungen

Was ist also mit diesen "Obskurationen"? Was sind sie und welche Rolle spielen sie dabei, uns daran zu hindern, das große Ganze zu sehen?

Ich verstehe Obskurationen so, dass sie das Filtersystem der Persönlichkeit sind. Es sind ererbte oder erworbene Aspekte, die die Persönlichkeit eines Menschen ausmachen. Mit anderen Worten: Die Muster, an die wir glauben, lassen uns die Welt mit konditionierten Augen sehen. Was wir in den Geist, das Holoversum, eingeben, bekommen wir zurück. Wenn wir die gleichen Informationen eingeben, erhalten wir auch die gleichen Informationen zurück.

Wie Albert Einstein einmal sagte:

"Die Realität ist nur eine Illusion,
wenn auch eine sehr hartnäckige".

Sie ist sogar so hartnäckig, dass es den meisten Menschen nicht möglich ist, hinter die Illusion zu blicken. Viele Menschen versuchen, der Illusion einen Sinn zu geben und ihr Verständnis zu vertiefen. Die Menschen versuchen oft, Probleme innerhalb der Illusion zu lösen. Die sozialen Medien sind voll von Menschen, die ihre Ansichten über die

Illusion teilen und dabei nicht erkennen, dass es eine Illusion ist, über die sie diskutieren.

Solange wir die Illusion ernst nehmen, sind wir nicht in der Lage, das größere Bild zu sehen, denn wir konzentrieren uns nur auf einen winzigen Teil des größeren Bildes, das natürlich immer noch eine Illusion ist.

Man muss über die Ernsthaftigkeit mancher Menschen lachen.

Buddha soll gesagt haben:

"Da alles ein Produkt des eigenen Geistes ist, bedeutungslos wie die Illusion eines Zauberers und nichts mit gut oder schlecht – richtig oder falsch – zu tun hat, könnte man in Gelächter ausbrechen".

Doch laut Einstein ist diese Illusion so stark, so hartnäckig, dass es unmöglich scheint, aus ihr auszubrechen.

Unmöglich natürlich wenn wir immerzu denken, dass sie in Wahrheit Realität ist. Unser Bestreben, die tiefere Bedeutung der Realität zu verstehen oder alte Details aufzudecken, geht weiter auf der Grundlage dessen, was wir derzeit glauben. Doch wie schon oft erwähnt, handelt es sich bei dem, was wir derzeit glauben, um Informationen, die das Filtersystem der Persönlichkeit in den Geist einspeist und was der Geist zurückgibt. Und natürlich gibt der Geist zurück, was eingegeben wurde, und bestätigt damit, dass deine ursprünglichen Überzeugungen wahr und gültig sind und nicht das Produkt einer Betrachtung der Mona Lisa aus fünf cm Entfernung durch ein Nadelloch, bei der du zwei Farbpixel siehst und glaubst, die Natur der Welt zu verstehen.

Es ist leicht zu erkennen, wie die Filtersysteme, die wir geerbt oder im Laufe der Zeit erworben haben, unsere Wahrnehmung der Welt beeinflussen. Zumal diese Wahrnehmungen ständig durch die Rückmeldungen, die wir erhalten, bestätigt werden.

Karma und Verdunkelungen sind also das, was uns daran hindert, die wahre Natur des Geistes zu erkennen.

Einige der Zitate, die ich anführe, beziehen sich auf den menschlichen Geist. Ich glaube, dass dies nur eine Art ist, zu beschreiben, wie der Mensch seine persönliche Realität versteht und erschafft. Die Frage, ob wir einen Verstand haben oder nicht, oder ob wir, wie ich vermute, Zugang zum Geist haben, ist noch offen.

Was bedeutet "darüber nachdenken" wirklich?

Die einfache Antwort könnte lauten: "Ich denke, also bin ich".

Aber nachdem ich immer besser verstehe, wer wir sind und wie wir in das Gesamtbild passen, habe ich meine eigenen "Gedanken" dazu. Nur wer ist es, der denkt? Solange wir an dem Glauben festhalten, dass wir getrennte Individuen sind, muss "ich" derjenige sein, der denkt.

Doch wie ich immer wieder feststelle, ist das "Ich" nicht vom Kollektiv getrennt. Und wenn wir davon ausgehen, dass der Geist nicht ortsgebunden ist und wir alle mit dem Geist verbunden sind, dann sehen wir, dass wir ein Teil von dem sind, was wir den Geist nennen. Wir können nicht von diesem Geist getrennt sein.

Während der vielen Jahre, in denen ich Clearing praktiziere und lehre, hat sich die Fähigkeit entwickelt, alles, was auftaucht, ohne Schuldzuweisungen oder Urteile zu akzeptieren, ohne es zu identifizieren oder persönlich zu nehmen. Wenn sich unser Fokus ändert, fallen alle damit verbundenen Phänomene, die wir vor der Fokusverschiebung wahrgenommen haben, weg. Die Geschwindigkeit, mit der sich unsere Physiologie verändert, hängt stark davon ab, wie stark wir uns mit den Emotionen, Gefühlen oder Gedanken identifiziert haben, die wir in der Vergangenheit für wahr gehalten haben.

Kehren wir noch einmal zu der Person zurück, die glaubte, die Welt sei ein gewalttätiger Ort. Jahrelang, vielleicht sogar sein ganzes Leben in diesem Körper, hat er die Welt als einen Ort der Gewalt gesehen. Das hat in seinem System auf zellulärer und neurologischer Ebene Bedingungen geschaffen, die eine sofortige Reaktion auslösen, wenn diese alten Muster ausgelöst werden. Er hat unbewusst viel Zeit und Energie in seinen Glauben investiert. Das liegt vor allem an der Natur des Holoversums, das ihm das zurückgibt, was er hineingesteckt hat, indem es ihn ständig darin bestärkt, dass die Welt ein Ort der Gewalt ist.

Infolge dieser ständigen Erinnerung an den Zustand der Welt reagiert sein System nun jedes Mal sehr stark, wenn ein Auslöser auftritt, der eine Umweltbedingung sein könnte, aber es ist wahrscheinlicher, dass er Gewalt erwartet und diese auch sieht. Überall, wo er hinkommt, sieht er nun Gewalt, was für ihn keinen Zweifel daran lässt, dass die Welt tatsächlich ein gewalttätiger Ort ist.

Es wäre eine Herausforderung für ihn, seinen Fokus effektiv zu ändern, da sein Körper nun standardmäßig auf Gewalt eingestellt ist. Bei jemandem, der erwartet, dass die Welt ein ängstlicher Ort ist, hängt es wiederum davon ab, wie viel Zeit und Energie er in der Vergangenheit für diese Sichtweise aufgewendet hat, wie schnell er seinen Fokus ändern kann. Jemand, der erwartet, dass die Welt ein ruhiger Ort ist, ein schöner Ort, braucht weniger Energie, um seinen Fokus zu ändern.

Wenn wir unseren Fokus ändern, verändern wir die Chemikalien, die Aminosäuren, die durch unseren Körper strömen. Wenn Gewalt unsere konditionierte Reaktion ist, dann dominieren die Aminosäuren, die wir mit Gewalt assoziieren, unsere innere Realität; wenn Angst ein wichtiger Teil unseres Lebens war, dann werden die bestimmten Aminosäuren, die durch den Körper kaskadieren, mit Angst assoziiert und so weiter.

Jede bestimmte Reaktion, egal auf was wir reagieren, erzeugt die Aminosäuren, die mit der dominanten Emotion verbunden sind. Eine sehr starke Rückkopplungsschleife, die uns in alten Denkmustern gefangen hält.

Zurück zu der Frage, wer denkt. Wenn wir ein Teil des nichtlokalen Geistes sind, haben wir Zugang zu Informationen, die in diesem großen Informationsfeld enthalten sind. Die Informationen, zu denen wir Zugang haben, hängen davon ab, worauf wir unsere Aufmerksamkeit richten. Wo wir unsere Aufmerksamkeit hinlenken, hängt von unseren vergangenen Konditionierungen, unserem Karma und unseren Verdunkelungen ab und davon, wie sich diese darauf auswirken, wo wir unsere Aufmerksamkeit hinlenken können.

Wenn unsere frühere Konditionierung verlangt, dass wir uns auf Gewalt, Rache, Mangel, nicht gut genug usw. konzentrieren, dann ist das die Realität, die wir in die Suppe, das Holoversum, das Feld, den Geist Gottes, wie auch immer du es nennen magst, einbringen, dann ist das die Realität, in der wir zu leben scheinen. Das ist eine sehr überzeugende Realität, denn das ist die Welt, die du tagtäglich siehst und in der du lebst, denn es gibt keine andere Möglichkeit, wenn es nach deiner Wahrnehmung und deinem Glauben geht. Wir sind und bleiben Opfer unserer Vergangenheit, solange wir immer wieder die gleichen Informationen einspeisen und es scheint eine Bedingung der Vergangenheit zu sein, dass es keine anderen Möglichkeiten gibt.

Doch der Ruf zum Aufwachen, der kosmische Wecker, der Teil des Geistes ist, ist allgegenwärtig und läutet immer, doch wir sind nicht in der Lage, ihn zu hören, weil wir so sehr von der Vergangenheit abhängig sind, dass in unserem Bewusstsein kein Platz für etwas anderes ist als das Überleben in der selbst geschaffenen Realität, die unser ständiger Begleiter ist.

Ein plötzliches Aufwachen in einer anderen Realität, wenn du von einem Ort kommst, an dem du stark in die alten Wege investiert hast, kann durchaus zu einer psychotischen Episode führen, denn der plötzliche Wandel, der deine alten Wahrnehmungen der Realität erschüttert, kann zu viel sein, zu viele Informationen in zu kurzer Zeit. Einigen ist das in der Vergangenheit passiert, zum Glück nicht allzu vielen, denn dieser plötzliche Zusammenbruch dessen, was wir für die Realität hielten, kann durchaus dazu führen, dass du von der Gesellschaft, der du einst angehörtest, abgelehnt wirst. Das Kollektiv hat viele Möglichkeiten, mit denen umzugehen, die nicht in die allgemein akzeptierten Rollen passen.

Wer kann schon sagen, ob diese Öffnung für eine ganz andere Realität plötzlich erfolgt. Keiner von uns kennt den Weg des anderen wirklich, wir verstehen unseren eigenen Weg außerhalb der Konditionierung durch die Vergangenheit kaum. Wenn eine Person diesen Weg schon seit vielen Jahren/Lebenszeiten geht, dann ist das Erwachen nur ein weiterer Schritt auf dieser Reise, der nur denjenigen plötzlich erscheint, die sich noch in ihrem eigenen Drama verlieren.

Der Buddha soll gesagt haben:

"Folge diesem Weg drei Leben lang und dein Erwachen ist garantiert".

Drei Leben lang! Wenn du glaubst, dass dies dein erstes Rodeo ist, dann irrst du dich gewaltig. Vielleicht ist es nicht "dein", in dem Sinne wie du glaubst, dass du jetzt bist, sondern die Ladung, die "du" trägst, hat sich mit deinem wachsenden Bewusstsein verringert.

Wir sind immer noch nicht fertig mit der Frage, wer der Denker ist. Derzeit wird angenommen, dass du der Denker bist. Geh für einen Moment zurück und bedenke, dass du innerhalb des größeren Geistes existierst. Deine Konditionierung bestimmt, worauf du deinen Fokus richtest, und dein Fokus bestimmt deine Realität. Alle Gespräche, die du mit "dir selbst" führst, finden im größeren Geist statt. Die Gedanken werden also von dem bestimmt, was vorher war. Ich würde nicht empfehlen, dorthin zurückzugehen, wo alles angefangen hat. Der Verstand, den du als "deinen" Verstand verstehst, ist einfach nicht in der Lage, das größere Bild zu sehen.

Ich kann mir vorstellen, dass es ein bisschen wie ein Tunnelblick ist: Wir sehen nur das, was wir zu sehen erwarten. Vieles von dem, was in diesem Buch beschrieben wird, mag dem gängigen Denken widersprechen, aber das ist es, was "ich" sehe. Ich sehe nicht mehr, indem ich mein Bewusstsein auf ein bestimmtes Thema fokussiere, sondern eher indem ich einen Mangel an Fokus entwickle. Ich gebe zu, dass ich mich schon seit vielen Jahren für die Lehren des Buddha interessiere und daher zu einer spirituelleren Lebensweise neige. Dann stellt sich die Frage: Warum? Warum sollte ich, ein Westler, an solchen Dingen interessiert sein? Ich weiß vielleicht ein wenig über das Warum, aber diese Überlegungen basieren auf dem, was ich derzeit über die Art und Weise weiß, wie das Leben, das menschliche Leben, auf diesem Planeten funktioniert. Das ist mit aller Vorstellungskraft bei weitem nicht das ganze Bild.

Und da sich mein derzeitiges Denken so sehr von dem unterscheidet, wie es vor ein paar Jahren war, und sich radikal von dem unterscheidet, wie es Jahre zuvor war, erhebe ich nicht den Anspruch, dass dies das letzte Wort in meinem Verständnis ist. Während sich mein Weg weiterentwickelt, ändert sich auch mein Verständnis von diesem Weg. Nicht jeden Tag, aber doch ziemlich schnell. Ich schätze, das ist ein Grund, warum ich diesen Weg weiter verfolge: Ich komme nie an den Punkt, an dem ich alles weiß. Im Gegensatz zu vielen anderen Berufen, bei denen man durch jahrelange Wiederholung an einen Punkt kommt, an dem man nicht mehr viel darüber nachdenken muss, was man tut.

Um zu verstehen, wie ich die Welt derzeit sehe, solltest du am besten das ganze Buch lesen, bevor du deine Entscheidungen über meine Zurechnungsfähigkeit triffst. Erinnere dich daran, die Decke der Sixtinischen Kapelle durch ein Schlüsselloch zu betrachten. Ich verlange nicht, dass du irgendetwas davon glaubst, aber wenn du bis hierher gelesen hast, musst du ein Interesse daran haben, oder zumindest einen Verstand, der offen dafür ist, neue Möglichkeiten zu erkunden.

Willst du immer noch herausfinden, wer hier denkt? Was ist ein Gedanke? Aus eigener Erfahrung wissen wir, dass ein Gefühl etwas ist, das wir im Körper spüren. Es muss also eine physiologische Komponente zu einem Gefühl geben – dazu später mehr. Aus eigener Erfahrung wissen wir auch, dass ein körperliches Gefühl, also Schmerz, ebenfalls im Körper empfunden wird und wir wissen, dass das Nervensystem des Körpers auf ein Trauma reagiert, egal ob leicht oder schwer.

Aber ein Gedanke? Ein Gedanke hat nichts Körperliches an sich. Zumindest nicht, so weit ich weiß. Wir können beginnen, den Prozess zu verstehen, der im Gehirn abläuft, wenn ein bestimmtes Signal empfangen wird, eine äußere Stimulation, vielleicht sogar als Erinnerung, ausgelöst durch ein äußeres Phänomen.

Nikola Tesla hat einmal gesagt:

"Wenn du die Geheimnisse des Universums ergründen willst, denke in Begriffen wie Energie, Frequenz und Schwingung".

Etwas, das ich mehr und mehr zu verstehen beginne. Wenn man davon ausgeht, dass der Geist reine Energie ist – und nicht ortsgebunden – keine Form hat, aus allen möglichen Frequenzen besteht und in verschiedenen Geschwindigkeiten schwingt, dann muss er alle Informationen enthalten, die Vergangenheit, Gegenwart und Zukunft. Abhängig von der jeweiligen Frequenz oder der Energiemenge, die in eine bestimmte Frequenz einfließt, interpretieren wir, die wir Teil des Geistes sind, diese Frequenzen durch unser eigenes, einzigartiges Filtersystem als "Realität".

Albert Einstein sagte einmal:

"Wir sind verlangsamte Schall – und Lichtwellen, ein wandelndes Bündel von Frequenzen, die auf den Kosmos (den Geist – meine Worte) eingestimmt sind.

Wir sind Seelen, die in heilige biochemische Gewänder gekleidet sind, und unsere Körper sind die Instrumente, mit denen unsere Seelen ihre Musik spielen."

Dann ist es nicht so schwer zu akzeptieren, dass unsere individuellen Systeme in ständiger Beziehung mit dem Geist stehen, interagieren, Informationen empfangen und zurückgeben.

Die Welt, wie wir sie wahrnehmen, besteht laut Tesla und sicher auch vielen anderen aus Energie, Frequenzen und Schwingungen. Es ist unser einzigartiges Nervensystem, das diese Informationen in Form, Gestalt, Farbe, Klang usw. interpretiert. Wenn du das Nervensystem eines Delfins, einer Motte oder einer Ameise hättest, sähe die Welt ganz anders aus. Dieselbe Welt wird nur durch ein anderes, einzigartiges Nervensystem wahrgenommen.

Dann muss ein Gedanke aus denselben Informationen bestehen, wird aber anders interpretiert als körperliche Empfindungen. Vielleicht ist es ein anderer Aspekt des Gehirns, der Signale erzeugen kann. Diese Signale, die vom Gehirn kommen, haben nicht immer eine Frequenz, die zu körperlichen Gefühlen führt, sondern sind etwas ganz anderes, das wir einen Gedanken nennen. In unserem oft sehr begrenzten Bewusstseinsbereich haben wir den verschiedenen Aspekten des Lebens Namen gegeben, wir nennen eine bestimmte Chemikalie, wenn sie in den Körper gelangt, ein Gefühl, emotional oder körperlich, geben einen Namen. Schmerz, Wut, Frustration, Freude, usw. Je gefühlsbetonter der Name, desto intensiver das Gefühl.

Da wir auf den Kosmos oder den Geist eingestimmt sind – was dasselbe ist – empfangen wir bestimmte Signale. Die Signale, die wir empfangen, scheinen davon abzuhängen, worauf wir uns im Laufe des Tages hauptsächlich konzentrieren. Unser Fokus ist ein Produkt der Vergangenheit, dessen, was wir gelehrt wurden, was wir zu glauben gelernt haben. Der Zugang zum riesigen Wissensschatz des Geistes wird also von unserer Vergangenheit kontrolliert, oder besser gesagt, von der Anhaftung, der Abhängigkeit, die wir von dieser Vergangenheit haben.

Der Denker ist also, wie ich vermute, die Seele, die den Kosmos durch die entwickelte Persönlichkeit auf der Grundlage ihrer Erziehung und persönlichen Erfahrungen interpretiert. Wenn die Erziehung den Menschen davon überzeugt hat, dass die Gefühle und Gedanken seine eigenen sind, dann können wir natürlich erwarten, dass die Seele durch die Persönlichkeit glaubt, dass sie der Denker ist. Wenn man diesen Gedanken in das Holoversum, den Kosmos, den Geist, das Feld, die Quantensuppe oder was auch immer sendet und dieser Gedanke von der großen Mehrheit der anderen Persönlichkeiten auf dem Planeten erwidert und unterstützt wird, dann wird der Gedanke, dass ich der Denker bin und dies meine Gedanken und Gefühle sind, ständig verstärkt.

Du, wer auch immer du zu sein glaubst, hast dir vielleicht angewöhnt, bestimmte Bereiche des Kosmos, des Geistes usw. zu betrachten und die Rückmeldung zu bekommen, oft das, wonach du gesucht hast, und manchmal bist du von der Rückmeldung überrascht. Doch wenn die Informationen im Geist riesig und unbegrenzt sind, ohne Ende, ein großes Lagerhaus des Wissens, der Vergangenheit, der Gegenwart und der Zukunft, dann deckt deine Suche nur einen winzigen Teil der im Geist enthaltenen Informationen auf, verfehlt aber das größere Bild. Das heißt, dass dir alle Informationen zur Verfügung stehen, aber deine Suche, deine Versuche, die Natur der Welt, in der du lebst, zu verstehen, sind durch die Suchparameter begrenzt, die du benutzt hast, um den Geist zu verstehen.

Ich denke (?), dass es sehr aufregend ist, den Geist durch die vielen Wege zu verstehen, die uns offen stehen. Meiner ist nur einer von vielen Wegen, aber anstatt mich auf einen bestimmten Punkt zu konzentrieren, habe ich (?) aus welchen Gründen auch immer beschlossen, meine Sichtweise unscharf werden zu lassen und mich nicht mehr auf einen bestimmten Standpunkt oder einen bestimmten Forschungskanal festzulegen.

Nach diesem Verständnis bist du der Denker, aber nur, weil du das glaubst. Dein Glaube, dass du der Denker bist, wurde dir vom Geist auf der Grundlage der Energie, die du in den Geist gesteckt hast, zurückgegeben. Jedes Mal, wenn du dieselbe Energie in den Geist steckst, erhältst du dieselben Ergebnisse zurück, die dich in dem Glauben bestärken, dass du der Denker bist und dass die Gedanken von dir stammen.

Ändere, was du hineinsteckst, und du bekommst etwas zurück. Das ist ein beliebtes Thema für die wachsende Zahl von Selbsthilfe-Workshops. Wenn wir sehen, dass das, was wir in den Geist eingeben, eine Kombination aus dem Teil des Selbst ist, der uns bewusst ist und den wir akzeptieren, und dem Schatten, dem Teil, der uns noch nicht bewusst ist und den wir noch nicht akzeptiert haben, können wir verstehen, warum jeder Wunsch oder jedes Verlangen, das wir in die Suppe geben, nicht die Ergebnisse bringt, die wir uns gewünscht haben.

Da wir nicht wissen, welche Rolle der Schatten bei der Erschaffung der Realität spielt, in der wir uns befinden, untergräbt diese ständige Sabotage jeden Versuch, unser Leben zu verändern.

Dies zu erkennen und Maßnahmen zu ergreifen, ist der erste wirkliche Schritt, den wir unternehmen können, um den todeslosen Zustand zu erreichen, auch wenn es auf dem Weg dorthin noch viele andere Vorteile gibt als den todeslosen Zustand. Ich bezweifle, dass die meisten Menschen den todeslosen Zustand in Betracht ziehen, und selbst wenn du ihn als Endziel dieser Reise sehen würdest, müsstest du dich fragen, warum er so wichtig ist: Sicherlich reicht ein Leben auf der Erde aus, warum sollten wir das wollen, was dieser todeslose Zustand bietet?

Das kann eine kurzsichtige Sichtweise sein, die ein Produkt des begrenzten Bewusstseins ist, des Glaubens, dass es nichts jenseits dieses Lebens gibt. Denke daran, wenn du diesen Glauben in den Geist einspeist, wird das Feedback ihn bestätigen. Das heißt aber nicht, dass es wahr ist. Vielleicht ist die Wahrheit nur eine Wahrnehmung, die mit den Augen eines unterscheidenden Verstandes gesehen wird.

Wie kann ein Betrachter, der durch ein Schlüsselloch auf die Decke der Sixtinischen Kapelle schaut, die wahre Schönheit des gesamten Gemäldes erkennen?

Wie kann jemand mit einem begrenzten, eng fokussierten Bewusstsein die wahre Natur und Komplexität, die Weite des Geistes verstehen?

Wir müssen nicht einmal offen dafür sein, zu wollen, es zu brauchen oder gar zu erkennen, dass es einen solchen Zustand gibt. Den todeslosen Zustand. Obwohl dies das ultimative Ziel aller Lebewesen auf diesem Planeten sein mag, kann es so weit von deiner "Wunschliste" entfernt sein, dass du dir nicht einmal bewusst bist, dass ein solcher Zustand existiert, oder wenn doch, was daran so wichtig ist.

Das ultimative Ziel zu vergessen, wenn es das überhaupt ist, und sich auf die Gegenwart zu konzentrieren, sollte Ansporn genug sein, um ein besseres Leben auf dem Planeten Erde zu schaffen. In meinen früheren Jahren war mir dieser Ort (?) namens Nirvana bekannt, ein Ort, von dem ich keine Ahnung hatte, aber er klang gut. Ich las über die Reise von Gautama Siddhartha, der später zum Buddha, dem Erwachten, wurde, und seine nachfolgenden Lehren, aber ich verstand fast nichts. Es waren nur Worte, die bestimmte Ideale vertraten, die in Wirklichkeit nur ein Versprechen auf einen anderen Zustand waren. Ich hatte keine Vorstellung davon, was dieser Zustand war. Man könnte also sagen, dass ich in Bezug auf diese Lehren wirklich unwissend war, nur ein Funke irgendwo in den Tiefen "meines" Geistes, denn damals dachte ich noch, ich hätte einen, einen Geist!

Ich habe ein paar Bücher gelesen, die Samen gepflanzt haben, aber diese Samen brauchten eine Menge Pflege, bevor ich sie verstehen konnte. Mein begrenztes Verständnis war also eher wie etwas im Hintergrund meines Bewusstseins, eine Stimme, die mich leitete und mich zu bestimmten Menschen, bestimmten Situationen und bestimmten Erkenntnissen führte. Nicht, dass es irgendwelche Stimmen in meinem Kopf gegeben hätte. Nur ein paar Hinweise, die mir bestimmte Möglichkeiten aufzeigten. Konnte ich frei entscheiden, ob ich diesen "Optionen" folgen wollte oder nicht? Ich glaube nicht.

Unvollendete Aufgaben

Wir alle befinden uns auf einem Weg, den wir entweder selbst geschaffen haben oder der durch unsere unterbewusste Konditionierung entstanden ist. Ob wir uns bewusst sind, dass wir uns auf einem Weg befinden oder nicht, ist ein weiteres Produkt des Unterbewusstseins. In früheren Jahren spürte ich, dass es in meinem Leben tatsächlich karmische Aspekte gab, und schließlich wurde mir klar, dass ich eine Last losließ, die mir mein Vater vererbt hatte. Erst viel später begann ich zu erkennen, dass alle Aspekte meines Lebens karmisch waren, d.h., dass Ladungen zum Ausdruck kamen, die entweder losgelassen wurden, wenn ich mir dieser Ladungen bewusst war (halb bewusst!), oder zu denen ich hinkam, wenn ich mir nicht bewusst war, dass dort der Schatten im Spiel war. Solange ich mir der Ladung, die im Schatten oder, wie ich es gerne nenne, in meinem kosmischen Rucksack gespeichert war, nicht bewusst war, wurde sie nicht erkannt oder akzeptiert.

Eine solche Gelegenheit ergab sich, nachdem ich von meinen Reisen und Abenteuern in Übersee nach Australien zurückgekehrt war. Ich besorgte mir einen der ersten Apple-Computer und richtete mich als Desktop-Publisher ein, nachdem ich gebeten worden war, ein Buch, das ein Freund geschrieben hatte, zu entwerfen, zu layouten und für den Druck vorzubereiten.

Das war eine große Lernkurve für mich und eröffnete mir viele neue Möglichkeiten, von denen viele auch heute noch nützlich sind. Im Laufe dieser Tätigkeit wurde ich gebeten, Werbematerial für einen Kunden vorzubereiten, was mir die Augen für eine weitere Möglichkeit öffnete. Diese neue Möglichkeit war ein Ansatz für die Arbeit mit Umweltenergien, um mehr Gleichgewicht und Harmonie herzustellen, wenn Menschen den Verdacht hatten, dass ihr persönliches Umfeld Probleme für sie oder ihre Familie verursachte. Ich las den Prospekt des Kursleiters, während ich mich an die Arbeit machte, seine Broschüren zu erstellen, und kam zu einem Deal, einem Tausch: meine Zeit gegen einen Kurs, einen Abend pro Woche für 10 Wochen.

Ich erinnere mich noch gut daran, wie ich am ersten Abend des Kurses nach Hause kam und so begeistert von den Informationen war, dass ich noch stundenlang wach lag und darüber sprach. Wie du dir vielleicht vorstellen kannst, war das der Beginn einer ganz neuen Reise für mich. Ich erzähle dir diese Geschichte, damit du verstehst, wie sich auf unserem Weg Situationen ergeben, die uns in bestimmte Richtungen und auf bestimmte Ziele hinführen, die vielleicht zufällig oder isoliert erscheinen, in Wirklichkeit aber ein Kontinuum sind, eine Entfaltung, die auf dem basiert, was wir zuvor in das Holoversum gelegt haben. (Bewusst oder unbewusst!)

Nach und nach löste dieses neue Geschäft das Desktop-Publishing ab, und ich war sehr beschäftigt damit, für viele Kunden in ganz Australien zu arbeiten, wenn auch nicht auf die Art und Weise, die uns beigebracht worden war. Das ist ein wichtiger Teil unserer Geschichte über die Suche nach dem Zustand ohne Tod. Nicht, dass es damals als solches erkannt worden wäre. Damals war es nur eine interessante Möglichkeit, ein Einkommen zu erzielen. Erst später öffneten sich meine Augen für ein anderes Verständnis der Welt und der Rolle, die wir in ihr spielen.

Schon früh in meiner Zeit als Berater und “Klärer von Umweltenergien” wurde mir klar, dass meine bloße Anwesenheit in einer Umgebung die Energie des Raums veränderte und nichts damit zu tun hatte, was ich tun könnte, um eine Veränderung herbeizuführen. Das bestätigte mir das Feedback, das ich immer wieder von meinen Kunden bekam. Auch wenn ich selbst nicht wusste, was vor sich ging, war es für diejenigen, für die ich arbeitete, offensichtlich, dass sich die Energie in der Wohnung tatsächlich deutlich veränderte, so dass meine Arbeit durch Mundpropaganda zufriedener Kunden schnell zunahm.

Mit der Zeit wurde mir klar, dass wir alle etwas bewirken, wenn ich die Energie des Raumes verändere, indem ich einfach nur auftauche und offen dafür bin, die Energien wahrzunehmen, die den Kunden dazu bringen, mich in sein Haus einzuladen. Bis zu einem gewissen Grad war jeder von uns mitverantwortlich für die energetische Umgebung, in der wir lebten. Zu diesem Zeitpunkt erweiterte ich meine Praxis vom “clearen” des Raums auf “clearen” der Person selbst. Das war anfangs ein komplizierter Prozess, vor allem weil ich immer noch das Bedürfnis hatte, etwas zu tun, um dem anderen zu helfen.

Aber wenn jeder von uns dazu beiträgt, die Energien in unserem Zuhause zu erzeugen, warum sollten Menschen dann eine Umgebung schaffen, in der sie sich unwohl fühlen? Mir fällt da nur ein Grund ein: der Schatten, der kosmische Rucksack, den wir alle tragen. Die Schattenaspekte des Selbst lassen im Hintergrund ihr eigenes Programm laufen und sind dafür verantwortlich, dass wir das, was wir in unserem Leben oder in unserem Zuhause als unangenehm empfinden, erschaffen. Wenn wir feststellen, dass wir uns in einem Bereich unseres Zuhauses nicht wohl fühlen, geben wir meist zuerst diesen unsichtbaren Energien die Schuld. Wenn wir uns unglücklich, wütend, schwach usw. fühlen, geben wir dem anderen die Schuld, wie wir es auch in anderen Bereichen unseres Lebens tun.

Doch für mich war die Erkenntnis, dass ich die Energie meiner Umgebung positiv beeinflussen kann, dass ich diese unsichtbaren

Energien beeinflussen kann, an sich schon groß genug, aber die Erkenntnis, dass wir das alle ständig tun, öffnete mir die Augen.

Je mehr Schatten im Rucksack einer Person vorhanden war, desto wahrscheinlicher war es, dass sie in ihrem Zuhause Situationen schuf, die sie als unangenehm empfand. Ohne sich dessen bewusst zu sein, hatten sie eine Situation geschaffen, die ihren Schatten widerspiegelte. Wir alle neigen dazu, wenn wir mit Aspekten im Leben konfrontiert werden, die uns Unbehagen bereiten, die Schuld auf etwas, jemanden oder eine Situation zu schieben. Je mehr mir das auffiel, desto deutlicher wurde mir, dass wir uns der Auswirkungen des Schattens auf unser Leben nicht bewusst sind, je mehr wir Opfer der Umstände bleiben, so scheint es jedenfalls.

In einem seiner Kommentare zu diesem "Schatten" sagte Jung, dass wir, solange wir den Schatten und seine Auswirkungen auf uns nicht erkennen, das, was in unserem Leben auftaucht, als Schicksal bezeichnen. Doch das stimmt einfach nicht. Es ist kein Schicksal, wenn wir es selbst verursacht haben, wenn es etwas ist, das wir ändern können. Aber wie können wir es ändern? Das ist eine grundlegende Frage, die wir uns alle stellen sollten, anstatt unser "Schicksal" zu beklagen. Was können wir dagegen tun?

Anscheinend nur sehr wenig, denn solange wir unsere Probleme in einer äußeren Quelle sehen und nicht erkennen, welchen Anteil wir an der Entstehung dieser Umstände haben, bleiben wir Opfer unseres "Schicksals".

Ich habe einen Weg gefunden – das stimmt nicht ganz, vielleicht hat mich ein Weg gefunden, oder er ist einfach auf meinem Weg aufgetaucht, weil ich unbewusst Kieselsteine in den Teich geworfen habe. Alles entsteht aus vergangenen Handlungen, es taucht nur nicht zufällig vor deiner Haustür auf.

Es ist also alles Teil der großen Entfaltung, die mein Leben ist. Ich war nicht auf der Suche nach einem "Weg". Ich war nicht auf der Suche nach einem Autor, einem Menschen, der anderen helfen kann, einem

Lehrer, der diese Informationen weitergibt. Ich war bewusst nicht auf der Suche nach viel, nur nach einem einfachen Leben, einem ehrlichen Lebensunterhalt und einem friedlichen, glücklichen Leben. Hah! Und doch bin ich hier. Nun, ich führe ein glückliches und friedliches Leben, das ist doch schon mal was, denke ich.

Zurück zu dem sich entwickelnden Weg eines Clearers der Energien. Als ich erkannte, dass jeder von uns seinen Teil dazu beiträgt, den Raum, in dem wir leben, zu erschaffen, dass unser eigenes Wesen, das sich größtenteils unserer bewussten Kontrolle entzieht, unsere Umwelt beeinflusst, erweiterte ich meine Beratung auf das persönliche Clearing, denn was nützt es, die Energie des Raums zu clearen, wenn wir nicht an der Ursache des Problems arbeiten, nämlich an dem oder den Menschen, die in diesem Raum leben.

Eine der stärksten Auswirkungen, die dieser Prozess auf mich hatte, war das, was mit mir und meinem Verständnis geschah, während ich mit dem Raum oder den Menschen in dem Raum arbeitete.

Um zu clearen, muss man nach meinem wachsenden Verständnis zuerst klar sein. Denn wie ich erkannt habe, geht es nicht um etwas, das ich "tue", sondern um etwas, das ich "bin".

In dem Maße, in dem ich jemand bin, der die Frequenz(en) einer bestimmten Störung im Haus annehmen kann, kann ich diese spezifische Ladung zusammenbrechen lassen. Je mehr Frequenzen für die ich mich öffne und erkenne, dass die Auswirkungen, die "mein" Körper erfährt, nur konditionierte Reaktionen auf verschiedene Reize sind, aber eigentlich nicht zu mir "gehören", desto objektiver kann ich sie betrachten und die Gefühle, die ich erlebe, nicht beschuldigen, beurteilen oder persönlich nehmen.

Ob ich das in den ersten Jahren meiner Praxis nun verstanden habe oder nicht, genau das war der Grund, warum sich meine Kunden in ihren Häusern wohlfühlten. Denn ich hatte durch meine Anwesenheit und meine Öffnung für die Energien, die aus dem Gleichgewicht zu sein schienen, unbewusst die Ladung in der Umgebung abgebaut.

Dies führte unbewusst zu einer Öffnung meines Herzens, denn vorher hatte ich alles, was ich fühlte, persönlich genommen – ich, meins, du, dein. Jetzt war ich in der Lage, ein Gefühl zu erkennen, es nicht zu verurteilen, ihm keine Schuld zuzuweisen und mich schon gar nicht mit ihm zu identifizieren. Würde ich ihm Energie geben, würde das bedeuten, dass ich es noch mehr auflade und nicht loslasse. Das geschah nicht über Nacht, sondern war ein langsamer Prozess, der durch die vielen Umgebungen und Personen ermöglicht wurde, für die ich mein System/meinen Körper geöffnet habe. Je mehr wir uns mit Bewusstsein öffnen, desto mehr Frequenzen lernen wir zu umarmen, selbst die Frequenzmuster, die in unserem eigenen Schatten liegen.

Unsern Schatten kollabieren

Ohne es zu merken, brachte ich die Energie meines eigenen Schattens zum Kollabieren.

Ohne es zu merken, wurde ich mitfühlender, denn ein Herz, das keine Schuldzuweisungen macht, nicht urteilt und nicht persönlich wird, muss infolgedessen furchtloser werden. Da ich keine Angst mehr vor meinem eigenen Schatten hatte, öffnete sich mein Herz und ich entwickelte ein mitfühlenderes Bewusstsein. Ein mitfühlendes Herz wirft immer noch Kieselsteine in den Teich, aber statt Kieselsteine der Angst und des Zorns, der Schuld, des Urteils, der Rache und der Armut waren es Kieselsteine des Mitgefühls. Was glaubst du, was zu dir zurückkommt? Was für eine Realität erschaffst du mit, wenn du diese Kieselsteine in den Teich wirfst?

Damals hatte ich keine Ahnung, was passierte oder warum, auch weil ich keine Gefühle in meinem Körper spürte, als ich die Energie des Raumes erforschte, und natürlich bemerkte ich auch keine Veränderung als Ergebnis meiner "Arbeit". Nur die Rückmeldungen meiner Kunden ließen mich weitermachen, denn wenn sie einen

Unterschied bemerkten, musste sich etwas verändern, auch wenn ich nicht wusste, was.

Das führte dazu, dass ich darauf hinarbeitete, herauszufinden, was passiert war. Mir wurde klar, dass ich oder andere nur dann etwas fühlen konnten, wenn wir uns sicher fühlten, wenn wir uns öffneten. Ob sicher oder nicht, es schien, dass ich etwas bewirkte.

Je mehr ich diese Clearing-Praxis entwickelte, desto sicherer wurde ich, denn indem ich immer wieder das Mantra wiederholte, dass dies nicht mein Gefühl war, sondern einfach das, worauf der Körper konditioniert worden war, wurde ich allmählich mit einem breiteren Spektrum von Gefühlen vertraut.

Ich war in der Lage, weniger zu urteilen, keine Schuldzuweisungen zu machen und schon gar nicht die Gefühle, die ich wahrnahm, zu personalisieren oder mich mit ihnen zu identifizieren, denn inzwischen nahm ich eine Menge wahr. Offenbar gilt für die meisten von uns: Je sicherer du dich fühlst, desto mehr fühlst du.

Das diente mehreren Zwecken: Zum einen konnte ich meinen Kunden unmittelbares Feedback geben und oft die gleichen Gefühle unterstützen, die sie in dem Raum erlebten, aber vielleicht noch wichtiger war, was dieser Prozess mit meinem Körper, insbesondere meinem Schatten, machte.

Ich war zwar nicht bewusst auf meinen Schatten fokussiert, aber wie sollte ich das auch, wenn ich mir der Schattenaspekte gar nicht bewusst war, da sie im Unterbewusstsein lagen. Durch das Aufnehmen der vielen verschiedenen Frequenzen begann ich, die im Schatten verbliebene Ladung abzubauen. Erinnere dich an Tesla: "Denke in Begriffen der Frequenz..." Die im Schatten/Rucksack gespeicherten Informationen sind also in bestimmten Frequenzen gespeichert, und Frequenzen sind gleichbedeutend mit Informationen und Erfahrungen, die uns unangenehm sind.

Auf Umwegen arbeitete ich also am Clearen meines Schattens, ohne mir bewusst zu sein, was ich tat.

Wonach hat Gautama Siddhartha also gesucht?

Offensichtlich brauchte er ein paar Jahre, um es zu finden. Aber woher wusste er, dass es diesen Zustand gab, was auch immer es war. Zuerst musste er sich durch seinen Schatten arbeiten, und er hatte mit Sicherheit einen, sonst hätte er nicht so viele Jahre gebraucht, um sein Ziel zu erreichen. Sein Schatten war vielleicht anders als der von den meisten anderen, denn er wurde als Prinz geboren und von der Gesellschaft ferngehalten, was zu einer bestimmten Persönlichkeit geführt haben muss. Eine Persönlichkeit, an der er sich abarbeiten musste, ohne zu wissen, woran er sich abarbeitete.

Genau wie ich! Und wahrscheinlich wie alle Wesen auf diesem Planeten.

Zumindest konnte ich mich auf seine Lehren berufen, um mich auf dem Weg zu unterstützen. Wenn die Geschichten über sein Leben und seine Reise stimmen, dass er durch Miterleben von Alter, Krankheit und Tod zu dieser Reise veranlasst wurde, dann ging er durch die Extreme, um diesen Zustand der Unsterblichkeit zu finden, bis er erkannte, dass die Extreme nicht die Antwort gaben, nach der er suchte, und was war diese Antwort? Wonach suchte er? Offenbar suchte er nach etwas, das über das Leiden hinausging, das er sah, nachdem er den Palast verlassen hatte.

Indem er sich durch die Extreme arbeitete, das Fleisch abtötete, allen Komfort verleugnete, nachdem er ein Leben voller Komfort geführt hatte, ließ er das Pendel seines Lebens zwischen diesen Gegensätzen schwingen, während er nach einer Antwort suchte. Er ließ das Pendel seines Lebens weder in die eine noch in die andere Richtung schwingen und entschied sich für den mittleren Weg, weil er erkannte, dass keines der beiden Extreme die Antwort war.

Dank seiner Kerze, die den Weg erhellte, musste ich nicht durch solche Extreme gehen, ich war mir des Mittelwegs bereits bewusst und musste seine Reise nicht wiederholen.

Aber unsere Wege hatten/haben etwas gemeinsam. Zu Beginn dieser Reise, wann auch immer das war, glaubten wir, dass wir uns wie beim Schälen einer Zwiebel durch Schichten von Missverständnissen arbeiten müssten, um die Wahrheit (?) zu finden. Wir glaubten, dass wir die Wahrheit finden würden, wenn wir nur genug Schichten der Zwiebel abziehen würden. Das ist auch heute noch ein weit verbreiteter Glaube unter vielen Wahrheitssuchenden.

Wir könnten diesem Weg folgen, bis wir den Prozess erkennen, dass "jemand" sich durch viele Schichten arbeitet und die Zwiebel schält, um zur Wahrheit zu gelangen.

Ich vermute, dass wir diesem Zwiebelschälen so lange folgen, bis sich die Waage zugunsten des Bewussten und gegen das Unbewusste – den Schatten – neigt. In diesem Moment verstehen wir, dass es weder eine Zwiebel gibt noch jemals eine gab, die wir schälen mussten. Das Problem war die Sucht nach dem konditionierten Verstand, die Gewohnheit, nach der wir süchtig geworden waren und die uns als Zwiebel erschien, die wir schälen mussten, obwohl sie in Wirklichkeit ein Produkt unserer eigenen Einbildung war.

Das Netz von Indra

Die Hindus haben eine Art, diese Reise zu beschreiben, die ich sehr hilfreich finde. Sie wird "Das Netz von Indra" genannt.

Dieses Netz von Indra besteht aus mehrdimensionalen Fäden des Bewusstseins. Es heißt, dass überall dort, wo sich diese Fäden treffen, also kreuzen, eine Perle ist und diese Perle bist du.

Es heißt auch, dass, wenn irgendwo in diesem multidimensionalen Zustand eine Kerze angezündet wird, alle Perlen sofort davon wissen, weil sie alle miteinander verbunden sind und die Informationen sofort übertragen werden. Möglicherweise ist das wahr, denn wir, die "Clearing"-Gemeinschaft (und wahrscheinlich auch andere, die ich nicht kenne oder mit denen ich keine direkte Erfahrung habe), haben diese Erfahrung gemacht. Wenn wir uns bewusst mit einer anderen Person verbinden, um sie zu "clearen", egal wo auf der Welt sie sich befindet, bemerken wir eine Veränderung in unserer eigenen Physiologie, ähnlich der Veränderung, die die Person, die wir "clearen", fühlt.

Wir entdecken das natürlich erst später, es sei denn, wir stehen mit der Person über eine Software im Internet in Kontakt. Wir "wissen" also, dass etwas passiert, wenn wir unsere Aufmerksamkeit auf eine andere Person richten, egal in welchem Maße wir verfügbar sind oder die andere Person sich bei uns sicher fühlt. Das "Clearing" geschieht, weil wir das, was wir wahrnehmen, nach bestem Wissen und Gewissen nicht beurteilen, beschuldigen oder uns damit identifizieren. Indem wir das, was wir wahrnehmen, nicht beurteilen, beschuldigen oder uns damit identifizieren, können viele Dinge geschehen.

In erster Linie erlauben wir dem/der anderen, seine/ihre Ladungen auszudrücken, was auch immer das sein mag, und erlauben so seinem/ihrem System, sich zu entspannen. Ein entspanntes System ist eher in der Lage, sich um sich selbst zu kümmern und möglicherweise eine Reise zur Heilung dessen zu beginnen, was sein Schatten erschaffen hat. Dabei spielen natürlich viele Faktoren eine Rolle, und der "Clearer" kann keine Ansprüche stellen oder etwas versprechen, aber oft reicht es aus, den Raum zu halten, um die Reise zu beginnen.

Das ist die Wirkung, die wir auf den anderen haben. Die Person, die das "Clearing" durchführt, nimmt die Informationen an, die sie von einer scheinbar externen Quelle erhält. Das bedeutet, dass sie die Informationen, deren Frequenz in ihrem eigenen Schatten liegt, langsam in ihr Bewusstsein bringen. Das hilft dabei, alte Ladungen loszulassen, von denen sie wahrscheinlich gar nicht wussten, dass sie sie hatten.

Dies ist nur ein Beispiel für die Kommunikation, die in diesem Netz von Indra stattfindet. Es gibt noch viele andere. Wir können sagen, dass dieses Netz eine andere Art ist, den Geist oder die kosmische Suppe oder Gott zu beschreiben, was auch immer. Da behauptet wird, dass das Netz multidimensional ist, muss es sich auf viele Bereiche oder Aspekte unseres Lebens (unserer Leben) erstrecken. Die Kerze, von der vorhin die Rede war, muss dann für Informationen stehen, die jedem Wesen in diesem Netz zur Verfügung stehen, jede Perle hat Zugang zu diesen Informationen. Unser "Clearing" hat dies in einem sehr kleinen Rahmen gezeigt.

Doch für die meisten von uns, die derzeit auf dem Planeten leben, scheint das nicht der Fall zu sein. Woran liegt das? Nun, ich vermute, zum Teil deshalb, weil wir diese Möglichkeit nicht in Betracht gezogen haben. Wie wir bei unserer Erkundung des Holoversums herausgefunden haben, bedeutet das, dass wir keine Bestätigung für die Existenz dieses Konzepts erhalten haben, auch nicht in anderer Form. Kein Hineingeben, keine Rückmeldung!

Aber ist es deshalb unwahr, nur weil wir ihm in der Vergangenheit keine Aufmerksamkeit geschenkt haben? Bleibt etwas, dem wir in der Vergangenheit keine Aufmerksamkeit geschenkt haben, unwahr, weil es nicht Teil unserer eigenen Erfahrung war? Ist die einzige Wahrheit die, die wir bestätigt bekommen haben? Ist die Wahrheit eines anderen weniger wahr, nur weil wir sie mit unseren eigenen konditionierten Augen gesehen und als nicht wertvoll eingestuft haben?

Ist dann alles wahr? Oder nichts? Möglicherweise, aber die Wahrheit ist oft auf die Augen desjenigen beschränkt, der die Rückmeldung erhält. Meine Wahrheit ist wahrer als deine Wahrheit! Wirklich? Ich habe den Eindruck, dass wir die Welt immer nur mit unseren konditionierten Augen sehen und nur einen sehr kleinen Teil des großen Ganzen wahrnehmen, sei es, dass wir uns dafür entschieden haben, oder dass unsere frühere Konditionierung es geschaffen hat und somit das, was wir in das Holoversum hineingelegt haben.

Wir könnten sagen, dass diese verschiedenen Sichtweisen der Welt die Vielfalt des Lebens auf diesem Planeten schaffen. Das ist wahr, aber wenn ein Einzelner oder verschiedene Gruppen von Einzelpersonen glauben, dass ihre Wahrheit die einzige ist, und anfangen, diejenigen zu töten, die eine andere Sichtweise haben, dann denke ich, dass wir mit der Idee der Vielfalt zu weit gegangen sind.

Was hindert uns also daran zu wissen, wann die letzte Kerze angezündet wurde? Das ist nicht ganz richtig, denn ich glaube, dass die Kerze schon immer angezündet war, die Informationen waren immer da und verfügbar. Trotzdem nehmen wir nur einen winzigen Lichtpunkt wahr, wenn überhaupt, je nachdem, worauf wir unseren Fokus gerichtet haben.

Jetzt kommen wir wieder auf den buddhistischen Glauben zurück, dass das, was uns daran hindert, die wahre Natur des Geistes, auch bekannt als Zustand ohne Tod, zu erkennen, in diesem Teil der Diskussion unsere Verdrängungen sind.

Meiner Meinung nach haben diese Verstrickungen und die vielen Persönlichkeitsschichten, die wir entweder geerbt oder im Laufe der Zeit erworben haben, eine Schale oder wie eine Zwiebel viele Schichten von Überzeugungen gebildet, die auf unserem Karma oder unseren frühkindlichen Prägungen basieren.

Es ist dieser Schleier, dieses Filtersystem, das wir unsere Persönlichkeit nennen und mit dem wir uns stark identifizieren, das die Informationen der Kerze herausfiltert. Es hält auch unser eigenes Licht vor anderen verborgen.

Stell dir vor, dass in der Perle im Netz von Indra, die dich repräsentiert, eine Kerze steckt, denn wir alle sind letztlich Lichtwesen in biochemischen Gewändern (Albert Einstein). Dann ist das Licht, das wir sind, vor anderen genauso verborgen, wie wir uns vor der großen Kerze am Himmel verstecken. Nicht, dass wir das mit Absicht tun. Das wenige Licht, das wir von der großen Kerze hereinlassen, hat oft nur mit dem zu tun, was wir ins Holoversum hineingelegt haben, also können wir nicht erwarten, dass viel zurückkommt, was nicht in unser bereits konditioniertes Weltbild passt.

Das ändert nichts an der Tatsache, dass das größere Informationsfeld existiert, es ist nur so, als hätten wir einen Tunnelblick entwickelt. Solange wir an dem Standpunkt festhalten, dass unser Weg der richtige ist, werden wir weiterhin rechtfertigen, dass wir andere töten, damit unser Standpunkt sicher ist, dominiert, mächtiger ist oder was auch immer. Dieser ganze Prozess basiert auf den Prinzipien, von denen der Buddha glaubte, dass diese Welt auf Gier, Furcht und Unwissenheit aufgebaut ist. Sieh dich um und sag mir, dass das nicht wahr ist!

So gut wie jeder, mit dem ich "arbeite", hat ein grundlegendes Problem der Unsicherheit, aus dem eine Vielzahl von Symptomen entsteht. Diese Unsicherheit kann durchaus ihre Wurzeln in Gier, Angst oder Unwissenheit haben. Solange wir die Welt auf diese Weise sehen und nur einen winzigen Teil des Gesamtbildes erfassen, leben wir in gewissem Maße weiter in Angst. Die ganze Zeit über haben wir Angst, wovor? Dann werden wir weiterhin versuchen, etwas gegen diese Angst zu unternehmen, was oft bedeutet, dass wir denjenigen, die andere Überzeugungen haben, Gewalt antun.

Ist das die Definition von Wahnsinn?

Ich bin zu diesen Schlussfolgerungen gekommen, ohne irgendetwas zu lesen oder irgendjemandem zuzuhören, denn ich habe schon vor langer Zeit aufgehört, irgendjemandem ein Wort zu glauben, das mir gesagt wurde. Der Grund, warum ich niemandem mehr glaube? Nun, wenn sie ihre aktuellen Erkenntnisse mitteilen und diese Erkenntnisse ein Produkt ihrer eigenen Schleier – ihrer eigenen Filtersysteme – sind, wissen sie dann wirklich, wovon sie reden, oder versuchen sie nur, mich davon zu überzeugen, dass ihre (begrenzte) Sicht der Welt die richtige ist? Ich höre zu, aber ich nehme das, was ich höre, nicht ernst.

Stattdessen habe ich festgestellt, dass ich auf dem Weg des "Clearing" zunehmend in der Lage bin, mehr von dem zu akzeptieren, was auf meinem Weg auftaucht. Das gelingt, indem wir erkennen, woher die Gefühlsveränderungen kommen, warum sie passieren und dass sie nur die Reaktion des Körpers sind. Indem wir das üben, werden wir weniger urteilend, weniger tadelnd und beginnen, das, was wir bemerken, weniger ernst zu nehmen.

Unbeabsichtigt habe ich also langsam den Schatten umarmt und verborgene Aspekte meines Selbst ins Bewusstsein geholt, wo sie keine Kontrolle mehr über meine Zukunft haben.

Nimm für einen Moment an, dass wir nur das sind, was wir denken, dass wir sind. Was wir denken, dass wir sind, ist das Produkt einer Vergangenheit, über die wir wenig oder gar keine Kontrolle hatten. Wenn wir das üben, können wir erkennen, dass wir die Persönlichkeit sind, ein System aus verschiedenen Urteilen und Assoziationen mit ganz bestimmten Phänomenen. Wir sind also nur ein Sammelsurium von vielen Sichtweisen. Das ist der Schleier, durch den wir die Welt sehen, das sind die Informationen, die wir in das Holoversum einspeisen. Natürlich kehren diese dann zu uns zurück, was unsere Verbindung zu den Sichtweisen, die unsere Persönlichkeit ausmachen, weiter rechtfertigt.

Wir haben also eine sehr starke Verbindung zur Persönlichkeit, etwas, das wir uns nicht ausgesucht haben, etwas, dem wir nicht zugestimmt haben, etwas, dessen wir uns nicht vollständig bewusst waren/sind.

Unsere Persönlichkeit setzt sich also zusammen aus dem was wir lieben oder ablehnen, was wir richtig oder falsch empfinden. Sie ist eine Zusammenstellung aus den Aspekten des Selbst, die wir angenommen oder akzeptiert haben, und den Schattenaspekten, den Teilen des Selbst, die uns nicht bewusst sind. Wenn wir glauben, dass all dies unser Selbst ist, was passiert dann, wenn wir einen Teil des Schattens ins Licht bringen? Wie wir das tun, ist in diesem Moment unwichtig. Kannst du dir überhaupt vorstellen, was mit deinen Wahrnehmungen passiert, wenn du das tust?

Zurück zum Netz von Indra. Stell dir dieses mehrdimensionale Netz aus Energielinien vor. An jeder Kreuzung befindet sich eine Perle, die eine Kerze enthält, die du bist. Je nachdem, wann und wo wir geboren wurden, gibt es bestimmte Informationsmuster, die wir entweder genetisch geerbt haben oder durch unser familiäres oder soziales Umfeld erwerben. Da wir in diesem Stadium keine Wahl haben, nehmen wir all diese Bedingungen und Überzeugungen persönlich und sie werden zu der Persönlichkeit, durch die wir die Welt sehen.

Diese "Persönlichkeit" fungiert auch als Filtersystem, das bestimmt, was wir sehen und warum. Wenn das Filtersystem so stark ist, wird das Licht der Kerze verwässert oder sogar durch unsere Erwartungen verschmutzt. Erwartungen, die durch die Konditionierung entstehen, die wir als kleines Kind erfahren haben. Jetzt wissen wir nicht einmal mehr, dass eine Kerze, ein Licht, eine Information existiert, weil wir sie nicht mehr sehen können. Wenn wir etwas von dem Licht der Kerze sehen, dann durch das Filtersystem der Persönlichkeit, das es verzerrt, damit es unseren Erwartungen entspricht.

Kein Wunder also, wenn wir die Natur der Kerze missverstehen.

Dieses Filtersystem, das wir unsere Persönlichkeit nennen, blockiert auch das Licht, das wir für andere sind, so dass diese anderen nur die Persönlichkeit sehen und nicht das innere Licht. Vergiss nicht, dass die anderen auch durch ihr eigenes Filtersystem schauen und beurteilen, ob das, was sie sehen, zu ihren Erwartungen passt oder ihnen widerspricht.

Es liegt in der Natur des Netzes von Indra, dass alle Perlen miteinander verbunden sind und die Informationsübertragung zwischen den Perlen augenblicklich erfolgt – man denke nur an die Verschränkung, einen Zustand, in dem eine Trennung nur scheinbar existiert, in Wirklichkeit aber alle Teilchen, sprich Perlen, miteinander verbunden sind, weil sie in Wirklichkeit alle eins sind.

Wenn wir einen Raum oder eine andere Person clearen, öffnen wir uns dafür, wie unser Körper auf die Energie der anderen Person reagiert. Indem wir Veränderungen in unserem Körper wahrnehmen und diese Veränderungen der Energieübertragung des anderen zuordnen können, sind wir in der Lage, das jeweilige Gefühl objektiver zu betrachten. Wenn wir besser in der Lage sind, ein breiteres Spektrum an Frequenzen zu akzeptieren, ohne sie persönlich zu nehmen, schälen wir langsam die Schichten der Zwiebel, der Persönlichkeit oder des Filtersystems ab, mit denen wir uns vorher so stark identifiziert haben.

Stell dir also vor, dass das Filtersystem allmählich zusammenbricht. Langsam, um den Bewohner des Körpers nicht in Bedrängnis zu bringen.

Je schwächer das Filtersystem wird, desto mehr von dem Licht der Kerze kann eindringen und desto mehr von dem Licht, das du bist, kann nach außen dringen.

Wie bereits erwähnt, habe ich mein Wissen nicht durch das Lesen von Büchern oder das Zuhören von anderen erlangt, sondern direkt durch die Kerze. Das Informationsspeicherhaus, das der Geist ist. Wenn das Filtersystem schwächer wird, lässt es mehr Licht/Informationen herein. Mit diesem wachsenden Verständnis wächst auch das Bewusstsein dafür, was genau du in das Holoversum einspeist.

Eine weitere Auswirkung der Akzeptanz ist, dass der Schatten allmählich an Intensität verliert und dadurch seine Kontrolle über deine Reise verliert. Ein natürlicher Effekt eines abnehmenden Schattens ist, dass weniger Steine der Unsicherheit, des Urteils, der Schuld oder der Assoziation mit einem bestimmten Glaubensmuster in den Teich, in das Holoversum, geworfen werden. Je weniger widersprüchliche Kieselsteine in den Teich geworfen werden, desto weniger Konflikte kommen zurück.

Je weniger Konflikte zurückkommen, die uns früher vielleicht dazu veranlasst haben, noch größere Kiesel in den Teich zu werfen, damit wir uns sicher und wertgeschätzt fühlen, oder um die Kiesel zu überwinden, die andere aufgrund ihrer Überzeugungen, die unseren scheinbar entgegengesetzt sind, in den Teich geworfen haben. Wenn der Konflikt nicht erwidert wird, müssen wir unseren Standpunkt nicht mehr schützen und werfen keine Kieselsteine mehr in den Teich, um unsere eigene Unsicherheit zu verteidigen.

Wenn dein Schatten nicht mehr die Kontrolle darüber hat, was du in den Teich wirfst, kannst du viel bewusster mit dem umgehen, was du in den Teich wirfst. Mit der zunehmenden Öffnung für das Licht der Kerze, die mit einer Verringerung der Assoziation mit der Persönlichkeit gleichzusetzen ist, kommt ein anderer Seinszustand ins Bewusstsein. Das Selbst, von dem wir dachten, dass wir es sind, beginnt abzufallen. Ohne die starke Bindung an dieses Selbst, das in Wirklichkeit nur aus Sichtweisen bestand, kommt die Erkenntnis, dass der Schatten nicht dein war. Es war nie dein Karma, es waren nur die starken Anhaftungen an den Körper, die Gedanken und Gefühle, die den Eindruck erweckten, dass das Karma unser Karma war, dass wir einen Schatten hatten.

Voller Kreis

Wenn wir dieser Argumentation weiter folgen, gibt es niemanden, der Kieselsteine in den Teich wirft. Wir sind der Teich, wir waren schon immer der Teich, wir haben es nur für einen kurzen Moment vergessen, als wir dachten, wir wären ein Körper und die damit verbundenen Gedanken und Gefühle.

Wenn wir jedoch weiterhin an der Persönlichkeit, dem Filtersystem, festhalten und unseren Kampf fortsetzen, um eine sichere Welt zu schaffen, in der wir leben können, auch wenn das bedeutet, dass der Kampf kein Ende hat, wird er immer weitergehen, über Generationen hinweg, die alle an denselben Standpunkten festhalten und die Welt durch ihr eigenes Filtersystem sehen.

Himmel und Hölle

Dieses Festhalten führt uns in die Zustände, die die Buddhisten die Bardos oder Reiche des Werdens nennen.

Ich glaube, dass die Gläubigen an Himmel und Hölle in die richtige Richtung denken, aber sie haben es auf die beiden Extreme vereinfacht. Es ist dasselbe Denken, das uns sagt, dass in das eine die guten Menschen kommen und in das andere die schlechten Menschen. Diesem Denken folgend muss es jemanden geben, der entscheidet, ob du es verdienst, nach oben oder unten zu kommen.

Was ist, wenn es keinen Schiedsrichter gibt, keinen Wächter an den Toren, wenn es unsere Handlungen sind, die entscheiden, wo wir hingehen? Was ist, wenn es die Ladung ist, die wir noch entladen müssen, die bestimmt, wohin wir nach dem Tod des Körpers gehen?

Ich habe davon gesprochen, dass die Ladung, die möglicherweise Karma genannt wird, ausgedrückt werden muss und nicht hinzugefügt werden darf. Um die Bardos und das, was sie erschafft und aufrechterhält, zu verstehen, müssen wir einen Abstecher auf unserem Weg zum Zustand ohne Tod machen.

Dabei sollten wir Möglichkeiten in Betracht ziehen, die wir vorher vielleicht nicht in Betracht gezogen haben oder die uns gar nicht bewusst waren. Wenn wir nie die Möglichkeit in Betracht gezogen haben, dass wir einen Emotionalkörper oder einen Mentalkörper haben, heißt das nicht, dass sie nicht existieren, sondern nur, dass wir die Frage nie mit einem relativ offenen Geist in das Holoversum geworfen haben. Das Gleiche gilt für alle Möglichkeiten, die wir nicht akzeptieren: Die Informationen sind da, im Holoversum, im Geist, wenn wir danach suchen würden. Wir müssen ohne vorgefertigte, ererbte Urteile suchen.

Ich habe die Erfahrung gemacht, dass wir einen Emotionalkörper, manchmal auch Astralkörper genannt, und einen Mental – oder Kausalkörper haben.

Das sind Energiefelder, die dadurch entstehen, dass wir in menschlicher Form sind und einen Körper haben. Sie sind natürlich nicht sichtbar, denn die Frequenzen, aus denen diese "Körper" bestehen, haben eine zu hohe Schwingung, als dass wir sie sehen könnten. Mit ein wenig Übung ist es jedoch möglich, sie zu "spüren".

Ich habe festgestellt, dass der Emotionalkörper Informationen über alle emotionalen Erinnerungen enthält, die wir erlebt haben. Wenn in diesem Emotionalkörper eine besonders starke Ladung gespeichert ist, eine Ladung, die wir nicht verstanden haben oder die immer noch sehr intensiv ist, wirkt sie sich auf den physischen Körper aus und verursacht alle möglichen Probleme. Wenn wir das nicht erkennen, suchen wir in der materiellen Welt nach Antworten auf diese Probleme. Das ist nicht sehr hilfreich, wenn wir die Ursache des Ungleichgewichts oder des Problems, an dem wir arbeiten, weiterhin leugnen.

Das ist nur eine Nebenbemerkung zu allen Ursachen, die zu einem Bardo-Zustand führen. Das ist zweifellos eine wichtige Nebensache, aber es ist ein wertvoller Schritt zum Verständnis des nächsten Feldes – des Mental – oder Kausalkörpers. Er enthält Informationen darüber, wer wir gewesen sind, wer wir derzeit glauben zu sein und wer wir sein werden. Wenn der Stress durch ein Missverständnis oder ein Trauma in unserer fernen Vergangenheit verursacht wurde, dann kann eine

Überzeugung, die wir zu Recht oder zu Unrecht über eine Situation in unserer Vergangenheit haben, eine extreme emotionale Reaktion ausgelöst haben.

Diese Reaktion kann durchaus durch einen bestimmten Glaubenssatz im Mentalfeld ausgelöst worden sein, der dann ein Trauma im Emotionalkörper verursacht hat. Vereinfacht gesagt: Wenn wir eine bestimmte Überzeugung – im Mentalfeld – haben, kann es, wenn diese Überzeugung in Frage gestellt wird, zu einer emotionalen Reaktion kommen, die eine Veränderung in unserer Physiologie bewirkt, die wir persönlich nehmen.

Wenn wir das einen Moment lang akzeptieren, können wir sehen, wie unsere Gedanken, ob sie nun bewusst sind oder im Unterbewusstsein verbleiben, unsere persönliche Realität formen. Wo wir unsere Aufmerksamkeit hinlenken, entsteht auf der physischen Ebene unsere persönliche Realität. Erinnere dich an die Kieselsteine im Teich.

Jetzt können wir sehen, wie sich diese Ladung, die oft als Ergebnis einer bestimmten Denkweise im Körper gehalten wird, aufbauen und Druck im System erzeugen kann. Wenn der Energiefluss in irgendeinem System blockiert ist, baut sich Druck auf. Das kann ein mechanisches oder elektrisches System oder unser Körper sein. Wenn der Druck die im System eingebauten Toleranzen, die Sicherheitsventile, übersteigt, findet der Druck den schwächsten Punkt im System und verursacht eine Fehlfunktion des Systems.

Der menschliche Körper ist in dieser Hinsicht nicht anders als ein mechanisches oder elektrisches System. Im menschlichen Körper kann der aufgebaute Druck zu einem wütenden oder gewalttätigen Ausbruch führen, er kann aber auch einen inneren Zusammenbruch, Burnout, Panikattacken und erhebliche gesundheitliche Probleme verursachen. Ich habe die Erfahrung gemacht, dass aufgestauter Stress in hohem Maße für vorzeitiges Altern verantwortlich ist. Am besten ist es also, jeglichen Stressaufbau im Körper zu vermeiden. Die meisten merken nicht, dass sich Stress im Körper aufbaut, bis die Warnzeichen so offensichtlich werden, dass wir sie nicht mehr leugnen können.

Diese Anhäufung von Ladung führt nicht immer zu wütenden oder gewalttätigen Äußerungen, Burnout oder Panikattacken, etc. Es kann sich auch einfach um das Verlangen nach mehr von etwas handeln. Wenn dieses Verlangen nie vollständig erfüllt und losgelassen wird, kann es durchaus sein, dass diese Ladung bestimmt, wohin "du" nach dem Tod des Körpers gehst.

Das "Du" ist in diesem Fall die Seele. Wenn der Körper mit einer ungelösten Ladung stirbt, scheint die Ladung die Kontrolle zu übernehmen. Ohne einen Körper gibt es keine Möglichkeit, mit der physischen Welt in Beziehung zu treten. Du brauchst ein Nervensystem, um mit der physischen Welt zu interagieren, du brauchst die Fähigkeit, zwischen hell und dunkel, heiß und kalt zu unterscheiden. Ohne diese Fähigkeiten, die alle mit einem Körper und seinem einzigartigen Nervensystem verbunden sind, hast du keine Möglichkeit, in Beziehung zu treten. Du wirst zum Opfer der Ladung, die in dir steckt.

Wenn der Mental- oder Kausalkörper ausreichend aufgeladen ist, bestimmt er, wohin du, die Seele, nach dem Tod des Körpers gehst. Niemand sitzt im Gerichtssaal. Kannst du dir vorstellen, für diese Abteilung zuständig zu sein, die darüber entscheidet, wohin du gehst? Ein großer bürokratischer Albtraum! Und dann gibt es noch all die Unterabteilungen, die je nach den Überzeugungen des Einzelnen im Moment des Todes entstehen. Es ist einfacher, die Ladung, die du noch hast, entscheiden zu lassen. Und diese Entscheidung ist nicht schwarz oder weiß, oben oder unten, Himmel oder Hölle, sondern hat viele Schattierungen und Ebenen dazwischen.

Der Bardo ist also eine Entscheidung die der Person entspricht. Nicht, dass der Einzelne in diesem Stadium seiner unendlichen Reise eine Wahl treffen könnte. Vielleicht gibt es, wie in einem Kaufhaus, viele Bereiche, die jeweils einer bestimmten Ladung gewidmet sind, und dann Unterabteilungen innerhalb dieser Abteilungen, die auf der Intensität der Ladung basieren.

Wenn die Verbindung zum Körper, zu den Gedanken und Gefühlen sehr stark ist und dieser Körper plötzlich oder gewaltsam stirbt, kann das mentale Feld einen anderen Körper erschaffen, aus welchem Grund auch immer, oft durch einen Schock, um der Seele zu ermöglichen, die Ladung zu verarbeiten. Aber auch hier gilt: kein Körper, keine Möglichkeit, Ladung zu verarbeiten. Das kann der Zustand der Vorhölle oder des Fegefeuers sein, in dem man im Niemandsland festsitzt und keine Kontrolle darüber hat, wohin man geht oder wie oder warum.

Wenn, wie die Buddhisten behaupten, die Ladung von einem lebenden Wesen freigesetzt werden muss, dann kann die Seele, sobald der Körper nicht mehr ist und die Ladung zurückbleibt, sehr wohl feststecken, bis jemand kommt, der die Ladung in der Umgebung bemerkt und sie im Namen des Verstorbenen bewusst freisetzt. Je nach Intensität der Ladung muss eine bestimmte Zeit vergehen, bevor die Ladung abgebaut werden kann, oder die Ladung wird an einen anderen Körper weitergegeben, damit dieser sie abbauen kann. Verwirrend, sicher.

Es gibt eine buddhistische Praxis namens Phowa, die die Übertragung des Bewusstseins von der sterbenden Person auf einen geschulten Praktizierenden bedeutet. Dieser übernimmt, je nach Fähigkeit, die Verantwortung für den Sterbenden und beeinflusst damit alle nachfolgenden Bardo-Zustände, in die er gelangt.

Jetzt kommen wir dem Grund näher, warum das Erreichen dieses todeslosen Zustands von Wert sein kann.

In dem Maße, in dem Ladungen gehalten werden, Wünsche unerfüllt bleiben oder Druck nicht abgelassen wird, wacht die Person in einem Bardo auf, das sie selbst erschaffen hat. Doch es gibt keinen unterscheidenden Verstand mehr, der die Situation bewerten kann. Die Seele kann sich im Himmel oder in der Hölle oder in einem Zustand zwischen diesen Gegensätzen wiederfinden, aber sie ist nicht in der Lage, dies zu erkennen und etwas dagegen zu "unternehmen". Sie ist nicht in der Lage, die sich manifestierende Realität, den Bardo, mit einem gewissen Maß an Objektivität zu betrachten. Im Grunde gibt es also niemanden, der aufwacht, geschweige denn erkennt, dass er sich in einem dieser Bardo-Zustände befindet.

Gemäss der Ladung, die entstanden ist durch die Identifikaton mit dem Körper, sind wir Opfer dieser Ladung. Genauso, wie wir es zu Lebzeiten im Körper sind. Solange der Schatten eine große Rolle bei der Erschaffung der Welt spielt, in der wir leben, bleiben wir ein Opfer der Umstände, ohne wirkliche Kontrolle über unser Schicksal zu haben. Wir mögen glauben, dass wir die Kontrolle haben, aber jede Kontrolle, die wir zu haben glauben, ist ein Produkt unserer konditionierten Vergangenheit. Es ist keine wirkliche Kontrolle, denn wir sind nicht in der Lage, frei zwischen allen Möglichkeiten zu wählen. Vielmehr haben Entscheidungen, die wir unter dem Einfluss dieser Schattenaspekte getroffen haben, Realitäten geschaffen, in denen die Wahlmöglichkeiten oder Optionen immer mehr eingeschränkt werden.

Wir "denken", dass wir eine Wahl haben, aber diese Wahl ist vielleicht B oder C. Was ist mit dem Rest des Alphabets? Warum können wir nicht W oder X oder Y oder Z wählen? Dafür gibt es viele Gründe. Ich vermute, dass sie nur deshalb nicht als Optionen erscheinen, weil die "Entscheidungen", die wir in der Vergangenheit getroffen haben, diese Optionen ausgeschlossen haben. Erinnere dich daran, dass es die Wirkung des Schattens war, die uns dazu brachte, einen bestimmten Weg einzuschlagen, nicht der freie Wille. Der freie Wille kann durchaus entstehen, wenn der Schatten nicht mehr die Kontrolle hat.

Das wird vielleicht noch wichtiger, wenn wir uns später fragen, warum manche in Zeiten von Konflikten, Hungersnöten oder anderen weniger wünschenswerten Realitäten geboren werden als andere.

Wenn wir sterben, während der Schatten immer noch eine wichtige Rolle bei der Entfaltung unseres Lebens und unserem Tod spielt, dann ist der Grad der Kontrolle, den wir zu Lebzeiten zu haben glaubten, nicht mehr gegeben. In Anlehnung an einige buddhistische Lehren wird davon ausgegangen, dass es einen Teil von uns gibt, der den physischen Todesprozess überlebt, eine Seele. Oder ist es ein Grad des Bewusstseins, der überlebt?

Ein wichtiger Teil dieser Suche nach dem Zustand ohne Tod wäre also, den Schatten ans Licht zu bringen. In Jungs Worten: "Die Dunkelheit bewusst machen".

Solange wir diesen Schatten und die Auswirkungen, die er auf unser Leben hat, nicht erkennen, bleiben wir ein Opfer von ihm. Es scheint, ob wir es verstehen oder nicht, dass wir eine Rolle in dem Drehbuch spielen, das uns gegeben wurde. Ist es das, worum es in unserem Leben geht? Die Rolle, die uns zugeteilt wurde, ernst zu nehmen und eine Oscar-gekrönte Performance abzuliefern? Es kann sein, dass in der Rolle, die wir spielen, das Bewusstsein steckt, dass wir nur eine Rolle spielen, dass die Rolle nicht das ist, was wir sind. Es ist sehr wahrscheinlich, dass unsere Rolle dieses Bewusstsein nicht in das Drehbuch geschrieben hat. Dann wären wir in unserer Rolle völlig verloren.

Was bestimmt die Rolle, die wir spielen? Wer gibt die Drehbücher aus? Möglicherweise hängt es davon ab, wann und wo du geboren wurdest, in welche Umstände du hineingeboren wurdest und welchen Hintergrund du hast. Jemand, der in einer anderen Realität aufgewachsen ist, wird eine andere Antwort haben, ein anderes Verständnis und eine andere Beziehung zur Welt. Wir können durchaus glauben, dass unsere Antwort die richtige, die einzige und die beste ist. Dieser Lebensansatz wird unweigerlich zu Konflikten führen, wenn er auf andere mit ganz anderen Sichtweisen trifft.

Nimm für den Moment an, dass diese Bardos ein Teil der Seelenreise sind. Du kannst sie als Himmel und Hölle bezeichnen, obwohl ich denke, dass das zu simpel ist. Ich behaupte, dass es nicht nur schwarz und weiß gibt, sondern viele Grautöne dazwischen, alle möglichen Zustände, die es nach diesem Verständnis gibt. Wenn wir akzeptieren können, dass es die gespeicherte Energie oder Ladung ist, die während unserer Zeit im Körper nicht erkannt oder freigesetzt wurde, die bestimmt, wohin wir nach dem Tod des Körpers "gehen", können wir sehen, wie sich dies entfalten könnte. Natürlich sind es nicht mehr "wir", die irgendwohin gehen, denn es gibt kein "wir", wenn es keinen Körper und keinen erkennenden Geist gibt, dann kann es auch keinen "man" geben, der irgendwo hingeht. Es gibt kein "Wir", wie wir uns derzeit auf uns selbst beziehen, indem wir uns mit dem Körper, den Gedanken und den Gefühlen als "unser", als "Wir" identifizieren.

Wenn das der Fall ist, kann es auch niemanden geben, der in den Himmel oder die Hölle kommt. Sind Himmel und Hölle nur Konzepte, die im Laufe der Jahrhunderte immer wieder als Mittel zur Kontrolle eingesetzt wurden? Das ultimative Zuckerbrot und Peitsche? Oder sind sie selbst geschaffene "Realitäten", die beiden Extreme des Bardo-Zustands? Zustände, die von den Handlungen und Überzeugungen des Einzelnen abhängen und von ihm geschaffen werden, der die Rolle, die er zu Lebzeiten spielte, so ernst nahm, dass er vergaß, dass er nur eine Rolle spielte?

Folgt man dieser Argumentation, dann sind Himmel und Hölle nur Bardo-Zustände. Zustände, in denen sich die bewussten und unbewussten Ladungen widerspiegeln, an denen die Person während ihres Lebens festgehalten hat und die nach dem Tod des Körpers fortbestehen. Wir spielen die Rolle weiter, nachdem der Körper gestorben ist. Das "Wir" müsste hier entweder die Seele sein, die noch immer in der Rolle, die ihr gegeben wurde, verloren ist, oder aufgrund einer starken Bindung an den Körper. Diese "Kontinuität" äußert sich oft als Verlangen, das immer noch nach mehr verlangt. Mehr Sonnenaufgänge, mehr Schokolade! mehr Kaffee, Alkohol, Sex, Drogen oder Rock and Roll. Es spielt keine Rolle, was wir "mehr" wollen, wenn das Verlangen immer noch stark ist, d.h. wenn das Verlangen oder die

Ladung, die wir in uns tragen, nicht vollständig losgelassen wurde, ändert sich nichts, wenn der Körper stirbt.

Dann wird die "Seele" dorthin gebracht, wohin das Verlangen führt. Der Mental – oder Kausalkörper erschafft eine physische Form, die natürlich nur eine Illusion ist, die dann das Leben in dem Bardo erlebt, das der Wunsch oder die Ladung geschaffen hat. Abhängig von der Menge der Ladung, die mit diesem Verlangen verbunden ist, gibt es kein Verständnis für das, was geschieht, keinen unterscheidenden Geist, der das Vergehen der Zeit bemerkt, und auch keine Möglichkeit, zu erkennen, was geschieht.

Wenn, wie die Buddhisten behaupten, die Ladung oder das Verlangen durch eine physische Form ausgedrückt oder freigesetzt werden muss, dann muss nach dem Tod die verbleibende Ladung/das verbleibende Verlangen "übernehmen" und bestimmen, wohin die Seele geht. Ich habe kein Problem damit, das zu akzeptieren. Wie kann jemand, der keinen Körper mehr hat, keinen unterscheidenden Verstand mehr besitzt und keinerlei Kontrolle mehr über seine Zukunft hat, Ladungen loslassen, außer durch die Schaffung eines Zustands, den wir heute als Bardo bezeichnen?

Ohne einen Körper können wir keine Ladung mehr erzeugen und auch keine Ladung mehr freisetzen. Wie ein kleines Segelboot, das niemand steuert, sind wir den Winden und Gezeiten ausgeliefert. Wenn wir auf Felsen geweht werden, liegt das daran, dass wir keine Kontrolle darüber haben, wohin unser Segelboot fährt. Wenn wir in einen großen, leeren Ozean geweht werden, wenn wir in eine Metropole, ein tropisches Paradies oder an eine nicht enden wollende Schlange von Getränken an einer Bar geweht werden, wird uns die Ladung dorthin bringen, wohin sie will.

Ich vermute, wenn unser nächster Schritt darin besteht, dass wir aufgrund eines Wunsches oder einer Ladung in einen Bardo-Zustand versetzt werden, ist die Wiedergeburt unvermeidlich. Es kann Minuten oder Jahrtausende dauern, aber die Seele im Bardo wird nicht in der

Lage sein, die vergehende Zeit zu erkennen. Die physische Welt, in der wir leben, ist ein Subjekt-Objekt-System, in dem Zeit eine Rolle spielt. Ohne Körper, ohne unterscheidenden Verstand kann es keine Zeit geben, denn es gibt niemanden, der ihr Vergehen beobachtet.

Die Intensität der verbleibenden Ladung oder des Wunsches scheint der entscheidende Faktor dafür zu sein, wohin die Seele geht und wie lange (?) sie dort verweilt. Was bestimmt außerdem, wann, wo oder unter welchen Umständen die Seele wiedergeboren wird?

Der Tod kann mit dem Einschlafen und Aufwachen in einem Bardo-Zustand verglichen werden, einem Zustand, der sich nicht von deinem Wachleben in einem Körper unterscheidet. Je nach Ladung und Erwartungen, die du im Leben hattest, wird der Film scheinbar weiterlaufen. Erwartungen sind ein wichtiger Teil des Prozesses.

Kehre für einen Moment zum Holoversum zurück und das, was du in den Teich wirfst, immer wieder zu dir zurückkommt. Deine Erwartungen, die auf allen früheren Erfahrungen beruhen, werden immer wieder auf deinem Weg auftauchen, einfach weil du es erwartest. Dann wirst du wirklich in diesen Erwartungen gefangen sein.

Diese starke Identifikation mit den Erwartungen garantiert, dass du das Leben weiterhin so erlebst, wie es gestern erschienen ist. Erwartungen haben nichts mit einer grundlegenden Wahrheit zu tun, sondern nur mit dem, was du ihr durch deine Sucht zu verarbeiten gibst. Ich glaube nicht, dass diese Sucht, zumal sie höchstwahrscheinlich das Ergebnis eines unbewussten Prozesses ist, im Moment des Todes einfach verschwindet.

Ich habe gehört, dass einige Buddhisten glauben, dass die Realität, in der wir gerade leben, auch ein Bardo-Zustand ist. Hmmm. Denk eine Weile darüber nach: Dein aktueller Zustand, die Rolle, die du jetzt spielst, ist aus vergangenen Gedanken und Handlungen entstanden. Es ist ziemlich einfach zu erkennen, wie unsere aktuellen Gedanken die Welt erschaffen, in der wir leben. Denke an eine unangenehme Erfahrung, eine alte oder aktuelle Erinnerung. Merkst du, wie sich die Physiologie deines Körpers verändert? Denk jetzt an eine angenehme Erfahrung: Ändert sich etwas im Körper? Wir können die Physiologie unseres Körpers sehr schnell und mit etwas Übung verändern. Wenn deine Aufmerksamkeit, dein Fokus nicht mehr bei einer schmerzhaften Vergangenheit verweilt, werden die Gefühle, die mit dieser schmerzhaften Vergangenheit verbunden sind, nach und nach verschwinden. Du nährst nicht länger Schmerz und Unbehagen.

Das Leben ist eine kontinuierliche Entfaltung

Wenn wir das verstehen, können wir erkennen, dass das Leben ein Kontinuum ist, kein Anfang und kein Ende, sondern eine kontinuierliche Entfaltung.

Wenn wir einer negativen Vergangenheit keine Energie mehr geben, hört diese Vergangenheit auf zu existieren. Sie mag als schwache Erinnerung bleiben, aber sie hat keine Kontrolle mehr über deine Zukunft. Das ist für viele nicht so einfach, denn die Ernsthaftigkeit, die ihre Rolle verlangt, schließt alle anderen Optionen aus, als die ihnen zugewiesene Rolle ernst zu nehmen. Aber auch diese Ernsthaftigkeit muss aus der Vergangenheit kommen. Sie kann nicht aus dem Nichts entstehen, es muss eine Ursache geben, die eine Wirkung erzeugt. Die fortgesetzte Identifikation mit der Rolle bedeutet nur, dass sich die Realität, die du gerade erlebst, nicht ändern wird.

Ich habe auch gehört, dass der Moment des Todes die größte Chance ist, einen erleuchteten Zustand zu erreichen. Ich glaube, dass das möglich ist, aber ich glaube auch, dass es unwahrscheinlich ist, wenn der Wunsch oder die Ladung zum Zeitpunkt des Todes so stark ist, dass wir die Gelegenheit "verpassen". Es ist die fortgesetzte Identifikation mit der Rolle, die wir spielen, die Ernsthaftigkeit, mit der wir die Rolle spielen, die wiederum durch Gedanken oder Handlungen in der Vergangenheit bestimmt wird, die uns daran hindert, die Chance zu verwirklichen.

In dem Maße, in dem wir uns immer noch stark mit unserem Körper, unseren Gedanken und Gefühlen identifizieren, entscheidet sich, wie schnell und in welchen Zustand wir fallen, wenn wir sterben.

Wenn ich schlafe, ein normales nächtliches Ereignis, nichts Besonderes oder Spirituelles, bin ich mir nichts bewusst. Ich träume nicht, soweit ich weiß. Nichts existiert, wenn ich schlafe. Bei vielen anderen ist das natürlich nicht der Fall. Aber für mich ist es das, was passiert – oder eben nicht passiert!

Die "Tatsache", dass ich keine Erinnerung an irgendetwas habe, das im Schlaf passiert, bedeutet nicht, dass nichts passiert. Ich bin mir dessen nur nicht bewusst.

Das lässt sich am besten anhand der folgenden Geschichte veranschaulichen.

In meinen frühen Jahren war ich sehr ungeduldig, aber das habe ich nie bemerkt, denn ich war die ganze Zeit so in Ungeduld versunken, dass ich diesen Zustand nie wirklich objektiv betrachten konnte. Ich war also ein ungeduldiger Mensch, ohne zu merken, dass ich ungeduldig war. Es gab keine Möglichkeit, zwischen Subjekt und Objekt zu unterscheiden – so verloren war ich in diesem besonderen Drama. Mit der Unfähigkeit, das Gefühl der Ungeduld zu bemerken, ging eine allgemeine Unfähigkeit einher, überhaupt viel zu fühlen. Ich glaube, dass wir alle die ganze Zeit Gefühle haben, wir können sie nur aus verschiedenen Gründen nicht erkennen.

Ich habe Gefühle nicht wahrgenommen, weil sie mir zu unangenehm waren, weil ich wegen meiner Vergangenheit nicht sicher war, mit "meinen" Gefühlen in Kontakt zu kommen. So ist es nicht verwunderlich, dass ich weder körperliche Gefühle wie Ungeduld noch irgendetwas anderes wahrgenommen habe. Durch meine Arbeit als Berater, der Häuser und Menschen energetisch klärt wurde ich mit der Zeit immer sicherer darin, Gefühle zu bemerken. Das geschah durch den Prozess der Akzeptanz, das heißt, ich fühlte mich sicher genug, um Gefühle wahrzunehmen. Ich war in der Lage, mehr zu akzeptieren, weil ich durch meine Arbeit wusste, dass die Gefühle, die ich allmählich wahrnahm, nur ein Ergebnis meiner Verbindung mit den verschiedenen Energien in der Umgebung waren, die Gefühle selbst waren nicht meine, ich war nur der Beobachter. Indem ich diesen Beobachterstatus entwickelte, konnte ich mehr und mehr Gefühle akzeptieren, ohne sie persönlich zu nehmen.

Langsam wurde ich mir des Gefühls der Ungeduld bewusst, als es in meinem Körper aufkam. Ich bemerkte die Gefühle, bevor ich mich in Ungeduld verlor. Das Bemerken, bevor ich mich in der Ungeduld verlor, war der Schlüssel. Dann hatte ich eine Wahl, während ich vorher keine Wahl hatte, sondern sofort ungeduldig wurde.

Ich hatte die Wahl, dem Gefühl der Ungeduld nachzugeben, was bedeutete, ihm Energie zu geben, so dass sich die Physiologie des Körpers veränderte und ich ungeduldiger "wurde", oder mir zu sagen: "Das ist das Gefühl der Ungeduld – was kommt als Nächstes?" Dadurch wurde die Zufuhr von Chemikalien unterbrochen, die ich mit Ungeduld verband. Keine chemische Produktion mehr, keine Gefühle der Ungeduld mehr!

Viele Jahre lang war ich also ein Opfer der Ungeduld, ohne mir dessen bewusst zu sein. Jetzt kann ich Opfer einer Erfahrung sein, während ich schlafe, ohne mir dessen bewusst zu sein. Dass ich mir dessen nicht bewusst bin, bedeutet nicht, dass etwas nicht passiert, sondern nur, dass ich es nicht mitbekomme.

Das Gleiche gilt für die Bardo-Zustände: Wenn wir derzeit einen Bardo-Zustand bewohnen und meine/unsere derzeitige Lebenssituation einfach nur Ladung ist, die sich selbst abarbeitet, dann wäre das Beste, was ich/wir angesichts des Skripts, das mir/

uns “gegeben” wurde, tun kann/können, so viel Ladung bewusst freizusetzen, wie ich/wir in der Lage bin/sind. Wenn ich verstehe, dass meine derzeitige Realität tatsächlich das Ergebnis von Ladung oder Anhaftung an die Vergangenheit oder an alte Erwartungen an das Leben ist, kann ich mich bewusst darum bemühen, mein Denken zu ändern. Ich habe gelernt, dass wir dies durch die Praxis der Akzeptanz tun und nicht durch den Kampf mit dem Selbst (das die sich manifestierende Realität als real akzeptiert und dann versucht, etwas dagegen zu “tun”).

Meine “Befreiung” von jeglicher unterbewusster Belastung durch Ungeduld ist nur einer der vielen Vorteile, die ich persönlich erfahren habe. Wir müssen uns nicht einmal der Möglichkeit eines todeslosen Zustands bewusst sein, um diesen Weg zu beschreiten, und es muss auch kein bewusstes Ziel sein, auf das ich hinarbeite. Das Verständnis kann auf dem Weg auftauchen oder auch nicht.

Wenn wir akzeptieren, dass wir im Leben zurückbekommen, was wir hineingesteckt haben, und dass vieles von dem, was wir hineingesteckt haben, das Ergebnis von Schattenaspekten des Selbst ist, die uns verborgen bleiben, aber unsere Welt miterschaffen, dann können wir in Wahrheit nicht mehr andere für unerwünschte Situationen verantwortlich machen, denen wir begegnen. Es mag so aussehen, als würden andere unsere eigenen Überzeugungen und Urteile bestätigen, aber das liegt nur daran, dass wir die Rolle, die wir bei der Erschaffung dieser Situationen spielen, noch nicht vollständig verstanden haben.

Wenn alle Menschen auf der Welt glauben, dass andere für ihre Herausforderungen verantwortlich sind, wird sich nichts ändern, weil jeder immer noch die gleichen Informationen in den Teich wirft wie gestern und vorgestern und davor. Wie kann sich eine Realität verändern, wenn das Denken, das sie erschaffen hat, dasselbe bleibt?

Wenn wir durch einen Prozess der bewussten Akzeptanz unseren “Schatten” langsam ans Licht bringen, befreien wir uns von den unterbewussten Prozessen, die die Welt, in der wir leben, geschaffen haben. Wir reduzieren den Zustand des Opferbewusstseins, den unser Schatten geschaffen hat.

Das führt unter anderem dazu, dass wir auf unserem Weg auf weniger Widerstand, weniger Konflikte und weniger herausfordernde Situationen stoßen. Das kann man als "mit dem Strom schwimmen" bezeichnen, wenn wir das, was wir sind, mühelos manifestieren. Das braucht vielleicht etwas Übung, denn wir sind nicht die einzige Person, die Kieselsteine in den Teich wirft. Vielleicht haben wir uns bewusst bemüht, uns der Rolle, die wir bei der Erschaffung unserer Welt spielen, bewusster zu werden, also der Kieselsteine, die wir in den Teich werfen. Auch wenn es immer noch Situationen gibt, in denen wir über die Handlungen anderer urteilen, solltest du daran denken, dass wir in diesem Teich zusammen mit allen anderen Mitgliedern der menschlichen Rasse leben, von denen die meisten immer noch Kieselsteine in den Teich werfen und so ihre eigenen Wellen, ihre eigenen Realitäten schaffen. Diese Wellen umgeben uns und machen es schwierig, zu unterscheiden, was zu uns gehört und was zu den anderen. Es scheint auch schwierig, wenn nicht gar unmöglich, die Handlungen anderer, die nicht in unser Weltbild von richtig und falsch, gut und schlecht passen, nicht zu verurteilen oder zu tadeln.

Wenn wir mit einer Praxis der Akzeptanz beginnen, werden die Leute fragen: "Woher weiß ich, was meins ist und was das der anderen?" Wenn wir für einen Moment davon ausgehen, dass nichts mir gehört und es nur so aussieht, als ob es mir gehört, dann erscheint es nur so, weil "ich" mich mit einem Gefühl identifiziert habe. Zum Beispiel habe ich in der Vergangenheit so viel Energie in einen bestimmten Gedanken oder ein bestimmtes Gefühl gesteckt, dass ich eine ganz bestimmte Antwort/Reaktion in meinem Gehirn erzeugt habe. Das bedeutet, dass jedes Mal, wenn ein Umstand diese Antwort/Reaktion auslöst, dieselben Chemikalien im Gehirn produziert werden, die dieselben inneren Veränderungen hervorrufen.

Wenn wir in der Lebensgeschichte dieses Menschen weit genug zurückgehen, werden wir feststellen, dass das, was wir so stark empfinden, mit dem wir uns so stark identifizieren, nie ein Teil von uns war. Es wurde durch die Umstände zu einem Teil von uns, durch eine bestimmte Denkweise, durch die Werte, die wir entweder geerbt oder durch die Zeit und den Ort, an dem wir geboren wurden, erworben haben. Im Grunde genommen haben wir, wo auch immer und was auch immer wir mit einem Gedanken oder einer Emotion identifiziert haben, die Illusion erschaffen, dass "dies" unser ist. Selbst wann und wo du geboren wurdest, war nicht das Ergebnis einer Lotterie, sondern hing davon ab, was vorher geschah.

Wenn du zum Beispiel in einem Körper bist, der in eine sehr religiöse Zeit und Familie hineingeboren wurde, glaubst du auch fest an diese Religion. In jedem Aspekt deines Lebens wurden deine Überzeugungen durch die besonderen Kieselsteine, die du in den Teich geworfen hast, täglich bestätigt, was zu einer noch stärkeren Identifikation mit deinen ererbten Überzeugungen führte.

Für viele ist diese Verbindung zu ihrer Religion so stark, dass sie den Tod des Körpers überlebt. Die nächste "Realität", die diese Seele erlebt, der nächste Bardo-Zustand, wird stark von der religiösen Ladung beeinflusst, die die Person in ihrem Körper hatte. Abhängig von allen anderen Ladungen, die die Person zum Zeitpunkt des Todes noch in sich trug, wird der Bardo nicht von einer äußeren Macht, sondern von der verbleibenden Ladung der Person beeinflusst.

Wenn nun die Zeit für die Reinkarnation dieser Seele gekommen ist, wird sie angezogen von einer Umgebung, einer Familie, einer Zeit und einem Ort, die die Energie unterstützen, die noch freigesetzt werden muss. Höchstwahrscheinlich wird sie in eine andere religiöse Familie hineingeboren, wodurch der Glaube des Einzelnen an die Religion der Familie weiter gestärkt wird. Wenn wir dieser Argumentation folgen, können wir sehen, dass das, woran wir stark genug glauben, eine große Rolle dabei spielt, wer wir jetzt glauben zu sein.

Um zu verstehen, woher die verschiedenen Überzeugungen kommen, könnten wir bis zur Geburt des Körpers zurückgehen. Das führt aber nicht wirklich zu Antworten, da es nicht weit genug zurückreicht, um zu erkennen, woher der Glaube kommt. Wir hinterfragen das gegenwärtige Denken von einem sehr persönlichen Standpunkt aus, der von Natur aus begrenzt ist.

Wenn es irgendwann keinen Körper mehr gibt, um das Leben, wie wir es kennen, zu erfahren, gibt es dann noch eine Religion? Wenn es keine Subjekt-Objekt-Situation mehr gibt, ist jede selbst geschaffene Realität, die auf vergangenen Erfahrungen beruht, nicht real in dem Sinne, dass sie nicht in dieser physischen Realität stattfindet, sondern eine Projektion, eine Erwartung der Seele ist.

Ein wichtiger Aspekt des todeslosen Zustands ist die Erkenntnis, dass wir nicht auf den Körper beschränkt sind, dass wir nicht die Gedanken sind (nur der Denker!), dass wir nicht die Gefühle sind (nur eine Seele, die Gefühle erlebt). Doch was ist die Seele? Ist sie ein Teil dessen, was wir heute den Geist nennen, ist sie der Geist oder ein separater Aspekt des Geistes? Wenn sie getrennt erscheint, liegt das daran, dass sich die Seele auch nach dem Tod noch mit dem Körper, seinen Belastungen und Wünschen identifiziert. Wenn die Anhaftung und Identifikation mit dem Körper den Tod des physischen Körpers überlebt, ist es dann nicht vernünftig anzunehmen, dass die Seele eine andere Realität erschafft, die nur eine Fortsetzung dessen ist, was sie im Leben getan hat. Die andere Realität, die die Buddhisten Bardo nennen. Ein Reich des Werdens!

Die ganze Zeit, in der wir an dem Glauben festhalten, dass wir der Körper sind, werden unsere Überzeugungen darüber, wer wir im Körper sind, stärker, weil wir weiterhin Energie in diese alten Überzeugungen und Werte stecken.

Die Buddhisten sagen, dass wir, wenn wir in diese physische Welt geboren werden, buchstäblich unseren Verstand verlieren, wir vergessen unsere wahre Natur, die Verbindung, die wir immer mit dem

Geist haben. Bedeutet das, dass wir vor der Geburt vollständig in den Geist integriert waren?

Durch den Prozess, in einen Körper hineingeboren zu werden, in einen Zustand der Trennung, vergessen wir unsere wahre Natur, während wir die Gestalt eines kleinen Kindes annehmen. Das scheint ein notwendiger Teil der Reise der Seele zu sein. Welchen Sinn hat es sonst, in einem physischen Körper zu inkarnieren?

Was wäre, wenn wir vor unserer Geburt aus irgendeinem Grund nicht in völliger Verbindung mit dem Geist gelebt hätten? Wir erkennen nicht, dass wir ein Aspekt des Geistes sind, wenn der Körper stirbt. Das kann passieren, weil wir immer noch an dem Glauben festhalten, dass wir vor dem Tod des Körpers eine individuelle Seele waren. Die Vorstellung, dass wir ein Individuum sind, wurde durch unsere "Zeit" in dem Bardo, in dem wir zuletzt gelebt haben, aufrechterhalten, wobei die Beschaffenheit des Bardo die Ladungen und Wünsche widerspiegelt, die wir im Leben hatten. Wenn das der Fall ist, haben wir unseren Geist bei der Wiedergeburt nie wirklich verloren, weil wir uns nie wirklich an die wahre Natur des Geistes erinnert oder sie erkannt haben. Wir hielten dieses Bardo für die Realität, weil wir nichts hatten, womit wir es vergleichen konnten, da wir keinen Körper mit einem unterscheidenden Geist mehr hatten!

So dreht sich das Rad weiter. Alle Situationen entstehen aus vergangenen Situationen, lediglich unsere Abhängigkeit von der Vergangenheit erschafft die Gegenwart, die sich manifestierende Gegenwart verstärkt unsere Überzeugungen und so geht es weiter.

Die Vorteile ergeben sich also daraus, dass wir uns im Energiefluss befinden, in dem alle Dinge scheinbar mühelos entstehen – ein Zustand, den wir erreichen, wenn wir uns darin üben, nicht zu urteilen, d.h. zu akzeptieren, was ist. Ein weit verbreiteter Irrglaube ist, dass wir, wenn wir die Dinge so akzeptieren, wie sie zu sein scheinen, ohne Partei zu ergreifen, ohne den einen Aspekt als gut und den anderen als schlecht zu beurteilen, dem "Anderen" erlauben, zu gewinnen und Macht über uns zu gewinnen. Anstatt zu akzeptieren, wehren wir uns und werfen weitere Steine in den Teich. Das bestätigt natürlich nur deine derzeitige Unsicherheit und dein mangelndes Bewusstsein dafür, was das Werfen von Kieselsteinen in den Teich wirklich bewirkt. Der Zustand der Trennung und der daraus resultierende Konflikt bleiben bestehen.

Wenn es nun bedeutet, im Fluss zu sein, dass du nicht länger ein Opfer deiner Vergangenheit bist und nicht länger vom Schatten sabotiert wirst, könnte es durchaus bedeuten, dass du wieder echte Wahlmöglichkeiten bekommst, und zwar nicht die Wahl zwischen A, B oder C, die früher die Welt, in der wir leben, bestimmt hat, sondern die Wahlmöglichkeiten von A bis Z.

Ein Beispiel. Vor vielen Jahren bekam ich eine Erkältung, die sich zu einem schrecklichen Husten entwickelte, der einfach nicht nachlassen wollte. Wir hatten damals geplant, Südamerika zu besuchen, aber gesundheitliche Gründe und der gesunde Menschenverstand sagten uns, dass das nicht der richtige Weg war. Stattdessen machten wir eine kurze Reise nach Holland, um Freunde zu besuchen. In der ersten Nacht im Haus unserer Freunde wurde der Husten so stark, dass ich mir eine Rippe gebrochen habe.

Wenn dir das schon einmal passiert ist, weißt du, wie schmerzhaft das sein kann, vor allem, wenn du weißt, dass der Schmerz beim nächsten Husten (oder Lachen) noch stärker sein wird. Meine Freundin arrangierte für mich am nächsten Morgen einen Besuch bei ihrem Arzt.

Ein wunderbarer Mann, der mich nach der üblichen Untersuchung zum Röntgen brachte. Ich machte mich auf den Weg ins Krankenhaus, immer noch mit starken Schmerzen! Das Ergebnis der Röntgenuntersuchung kam zurück. Nichts über eine gebrochene Rippe! Aber es wurde ein dunkler Fleck auf der Lunge entdeckt, der sich als Lungenentzündung herausstellte, die mit Antibiotika behandelt werden konnte. Die Geschichte ist damit noch nicht zu Ende.

Das Röntgenbild zeigte auch einen Schatten hinter dem dunklen Fleck, der die Lungenentzündung war. Natürlich schrillten die

Alarmglocken und der Arzt wollte, dass ich zu einem Lungenspezialisten gehe. Da wir verstanden, worum es ihm ging, beschlossen wir, über eine Entscheidung zu schlafen. Am nächsten Morgen stand es fest: Wir fahren nach Mexiko, nicht zurück ins Krankenhaus oder zu einem Spezialisten. Wenn man sich erst einmal auf die schiefe Bahn begibt und sich in die Hände von Menschen mit eigenen Erwartungen begibt, werden die Möglichkeiten sehr begrenzt. A, B oder C!

Ich entschied mich, nicht den erwarteten Weg zu gehen, sondern versicherte dem Arzt, dass ich mich in Mexiko röntgen lassen würde, was ich auch tat. Der einzige Kommentar, der bei diesem Besuch kam, war: "Wussten Sie, dass Sie eine gebrochene Rippe haben?" Tja! Das war der Grund für den ersten Besuch, die Schmerzen wegen der gebrochenen/angeknacksten Rippe.

Auf dem Röntgenbild war weder eine Lungenentzündung noch ein ominöser dunkler Schatten zu sehen, alles war völlig klar. Nun kann es sein, dass der Schatten nichts Wichtiges war, aber wenn du der Angst nachgegeben hättest, hätte das dem Schatten Energie gegeben. Ein Besuch bei einem Spezialisten, der sich auf die Suche nach dem, was sie suchten, spezialisiert hatte, wäre ein großer Kieselstein im Teich auf dem Weg zum Krebs gewesen. Die Entscheidung für einen anderen Weg, die Öffnung für andere Möglichkeiten und andere Denkweisen führte nicht zu Krebs, sondern zu keiner Krebserkrankung.

Ein Jahr später wurde ich erneut geröntgt, als ich wieder zu husten begann. Es war immer noch nichts da, nur eine aktuelle Infektion, die sich leicht beheben ließ. Unsere Entscheidungen bestimmen also unsere Zukunft. Erinnere dich daran, dass nichts aus dem Nichts entsteht, sondern dass alles aus vergangenen Handlungen und Denkweisen resultiert. Ich achte auf körperliche Warnzeichen, solange ich sie früh genug bemerke, um die Richtung zu ändern. Wenn du die Warnzeichen ignorierst oder einfach nicht wahrnimmst, bis du wirklich ein Problem im Körper entwickelt hast, bedeutet das oft, dass du immer weniger Möglichkeiten hast, bis ein medizinischer Eingriff nötig wird.

Ein weiteres Beispiel für das Befolgen dieses Weges: Ob er zum todlosen Zustand führt oder nicht, ist nicht so wichtig wie die vielen Vorteile, die sich auf dem Weg ergeben. Wenn du keine verwirrenden oder wütenden Steine mehr in den Teich wirfst, triffst du auch keine verwirrenden oder wütenden Menschen oder Situationen mehr.

Das hat der griechische Dichter Konstantin Kavafy in seinem Gedicht "Ithaka" auf sehr elegante Weise beschrieben.

Ich habe es schon in anderen Büchern zitiert und es lohnt sich, es zu wiederholen, denn egal, wie oft du es hörst, jedes Mal hört es eine "andere" Person. Jedes Mal verstehst du es ein bisschen besser. Die erste Strophe lautet wie folgt.

> "Wenn du dich auf die Reise nach Ithaka begibst, bete, dass der Weg lang ist, voller Abenteuer, voller Wissen.
>
> Die Lestrygonier und der Zyklop, der zornige Poseidon – fürchte sie nicht:
>
> Du wirst nie solche wie sie auf deinem Weg finden, wenn deine Gedanken erhaben bleiben, wenn ein feines Gefühl deinen Geist und deinen Körper berührt.
>
> Den Lestrygoniern und den Zyklopen, dem grimmigen Poseidon wirst du nie begegnen, wenn du sie nicht in deiner Seele trägst, wenn deine Seele sie nicht vor dir aufbaut".

Aufgrund seines griechischen Erbes verwendete er die traditionellen griechischen Dämonen, die Lestrygonier, Zyklopen und Poseidon, die in unserem Verständnis zu unseren persönlichen Dämonen werden. Nicht unbedingt Dämonen im Sinne von gruseligen Kreaturen der Nacht, sondern Dämonen wie Wut, Ungeduld, Frustration, Schuldzuweisungen und so weiter.

Dem Gedicht zufolge werden wir ihnen auf dem Weg begegnen, wenn wir sie in unserer Seele festhalten. Das Holographische

Universum, Michael Talbot, war noch nicht geschrieben, als Cavafy dieses Gedicht 1911 verfasste, aber der gesamte Prozess der Erschaffung unserer persönlichen Realität ist laut dem Gedicht und dem Holoversum derselbe.

Wirf immer wieder Kieselsteine des Zorns, der Ungeduld, der Frustration oder der Schuld in den Teich, triff sie immer wieder auf deinem Weg. Wenn du damit aufhörst oder damit beginnst, die Anzahl dieser Kiesel zu reduzieren, wirst du sie auf deinem Weg nicht mehr treffen. Es wird sie immer noch geben, einfach weil es viele Menschen gibt, die immer noch solche Kiesel in den Teich werfen und sich die Welt erschaffen, in der sie leben. Du wirst diesen Menschen oder den Situationen, für die sie stehen, nicht mehr begegnen, denn sie sind nicht mehr Teil von dir, diese Schattenaspekte wurden ins Licht des Bewusstseins gebracht.

Das ist ein weiterer Vorteil, dessen sich Jung sehr bewusst zu sein schien. Dein Weg wird viel friedlicher, Situationen, deren Bewältigung oder Überwindung viel Energie gekostet hat, tauchen nicht mehr auf, sodass sich weniger Stress im Körper aufbaut und weniger Zeit, Energie und sogar Geld benötigt wird, um einen Zustand aufrechtzuerhalten, in dem du dich sicher oder wertvoll fühlst. Das liegt daran, dass deine sich entfaltende Realität mehr auf Mitgefühl basiert, das du durch größeres Verständnis erlangt hast, das du durch eine entwickelte Praxis der Akzeptanz erlangt hast, die du durch den ersten Schritt in die Urteilslosigkeit erlangt hast.

Wenn die Kieselsteine, die in den Teich geworfen werden, Kieselsteine des Mitgefühls sind, was wirst du dann auf dem Weg treffen? Natürlich Mitgefühl. Der Teich urteilt nicht über dich, sondern gibt nur zurück, was du hineingeworfen hast.

Wenn du also keine stressigen Kieselsteine in den Teich wirfst, wirst du einen viel friedlicheren Zustand zurückbekommen. Ein weniger gestresster Körper wird seltener krank. Ein weniger gestresster Körper bemerkt jedes Ungleichgewicht, bevor es zu einem Problem wird, und vermeidet das Problem, indem er aufhört, ihm Energie zu geben, bevor es sich manifestiert. Ein weniger gestresster Körper, d.h. ein Körper, der sich nicht mehr mit stressigen Kieselsteinen identifiziert, wird sie nicht mehr in den Teich werfen. Es wird zu einem Prozess, der nicht dadurch wächst, was du tust oder welche Steine du in den Teich wirfst, sondern durch das, was du nicht tust, die Steine, die du nicht mehr in den Teich wirfst.

Wenn sich dein System durch die Kiesel, die du nicht mehr in den Teich wirfst, entspannt, werden dir die Lestrygonier, Zyklopen und Poseidonen nicht mehr begegnen. Du gehst dir selbst aus dem Weg, oder die Aspekte deiner Persönlichkeit, die Probleme verursacht haben, verblassen zu bloßen Erinnerungen an ein früheres Leben. Auf diese Weise kann der Körper beginnen, sich selbst zu heilen, wenn wir ihm keine widersprüchlichen Informationen zuführen. Wenn du zum Beispiel immer noch sehr wütend wirst, verurteilt dein Gehirn, das vielleicht die Chemikalien produziert, die später in deinem Körper als Wut bekannt werden, deine Handlungen nicht, sondern tut einfach, was ihm gesagt wird. Du bist vielleicht nicht für diesen Prozess verantwortlich, vor allem, weil es immer noch Schattenaspekte gibt, mit denen du umgehen musst, aber das ist dem Gehirn egal, es wird weiterhin die Chemikalien produzieren, die mit Wut verbunden sind, es tut, was ihm gesagt wird!

Diese winzigen Chemikalien der Wut werden in Aminosäuren umgewandelt, die dann in die Zelle eindringen und so die Emotion, die wir "Wut" nennen, im Körper hervorrufen. Wir identifizieren uns mit der Wut. Das bedeutet, dass wir das Gefühl persönlich nehmen und das Gehirn anweisen, mehr dieser Chemikalien zu produzieren, um das Gefühl der Wut im Körper zu verstärken. Je intensiver das Gefühl wird, desto wahrscheinlicher ist es, dass wir es persönlich nehmen und glauben, dass es "unsere" Wut ist. Vergiss aber nicht, dass diese wütenden Gefühle im Körper ziemlich giftig sind. Sie werden später im Leben Probleme verursachen, da das System mit den Chemikalien der

Wut überlastet wird. Andere Funktionen des Körpers werden in ihrer Leistungsfähigkeit eingeschränkt, weil wir die Fähigkeit des Körpers, gesund zu bleiben, außer Kraft setzen, indem wir ihn ständig mit Wut, Angst oder Ungeduld oder ... füttern.

Das ist offensichtlich, wenn das kleine Licht des Verstehens angeht. Bis dahin bleiben wir ein Opfer der Umstände, die sich unserer Kontrolle zu entziehen scheinen, oder, wie Jung es nannte, wenn wir nicht in der Lage sind, unseren Schatten zu erkennen, wenn wir nicht in der Lage sind, ihn ins Bewusstsein zu bringen, dann ist das, was uns begegnet, unser "Schicksal". Unser "Schicksal" ist einfach das, was uns auf dem Weg begegnet; was wir treffen, wird durch das bestimmt, was wir in den Teich werfen.

Für die meisten, wenn sie beginnen, den Weg zu gehen von der Unwissenheit ins Bewusstsein, ist das eine große Herausforderung, was ihnen auf dem Weg begegnet, das scheinbar überhaupt nichts mit ihnen zu tun hat. Das kann überwältigend sein, wenn die Person keine neue Art entwickelt hat, das, was auftaucht, zu betrachten und damit umzugehen.

Die beiden Hauptakteure bei dem, was auftaucht, sind das, was wir und der Rest der Menschheit in den Teich eingeworfen haben. Oft ist es schon so lange her, dass wir vergessen haben, dass wir es in den Teich gelegt haben, oder, was wahrscheinlicher ist, dass unser Schatten es ohne unser bewusstes Zutun hineingelegt hat. Wir wussten also nicht, welche Kieselsteine wir in den Teich geworfen haben. Wir bekommen nur die Rückmeldung aus dem Teich. Ein Feedback, das wir ernst nehmen, persönlich nehmen und darauf reagieren, indem wir einen weiteren Kieselstein in den Teich werfen, bewusst oder unbewusst. Du kannst dir vorstellen, wie das zu einer sich selbst erhaltenden Realität wird.

Der andere Spieler ist der Rest der Menschheit. Nur weil wir uns auf den Weg machen, um die Anzahl der wütenden Kieselsteine im Teich zu reduzieren, heißt das nicht, dass alle anderen das Gleiche tun. Sie werfen immer noch wütende Kieselsteine in den Teich, deren Auswirkungen wir beobachten. Wenn wir immer noch in irgendeiner Weise mit den Informationen, die der Teich zurückgibt, in Verbindung stehen, werden wir den Ärger bemerken und darauf reagieren, indem wir unsere eigenen wütenden Kieselsteine in den Teich werfen. Vielleicht ist unsere Reaktion auf die Wut gar keine Wut, sondern Angst oder Furcht (eine weitere Stufe der Angst!) Dann setzt unsere bewusste oder unbewusste Reaktion das Drama fort.

Wenn wir unsere Praxis weiterentwickeln, die langsam wächst, weil wir bewusster werden, werden wir vielleicht viel mehr wahrnehmen als unser teilweise geschlossenes System in der Vergangenheit. Teilweise verschlossen, weil wir uns aufgrund früherer Umstände nicht sicher fühlten, bestimmte Energien zu erfahren. Wenn wir uns nicht sicher fühlen, beschränkt sich das, was wir fühlen, auf einen Bereich, in dem wir uns sicher und wohl fühlen.

Das kann körperliche Gefühle einschließen, ist aber nicht auf sie beschränkt. Wenn wir uns bei bestimmten Energien, bestimmten Frequenzen nicht sicher fühlen, nehmen wir sie nicht wahr. Wenn wir sie nicht bemerken, heisst das nicht, dass wir sie nicht haben. Während wir das Bedürfnis verspüren, uns vor diesen Frequenzen zu schützen, baut sich die Ladung in unserem Körper langsam auf, bis wir merken, dass es ein Problem gibt. Wenn sich ein Problem manifestiert, werden unsere Optionen oder Wahlmöglichkeiten durch unsere vergangenen Handlungen eingeschränkt, in diesem Fall durch unsere Unsicherheit. Eine Unsicherheit, die durch ein angstbasiertes Missverständnis von Informationen ausgelöst wurde. Wenn also das, was im Körper auftaucht, aufgrund von Angst oder Missverständnissen, aus einem Zustand der Unsicherheit heraus entstanden ist, hat der Glaube, der das zugelassen hat, jetzt die Kontrolle über die verfügbaren Wahlmöglichkeiten. A, B oder C. Nicht D, oder E oder F oder …

Hör auf wegzulaufen

Vergangene Überzeugungen und Entscheidungen schränken also die Möglichkeiten ein, wenn ein Problem auftaucht. Wären wir uns bewusster, was im Körper vor sich geht – eine Situation, die aus dem Gegenteil von Angst entsteht – dann wäre das Problem, das sich im Körper manifestiert, vielleicht gar nicht erst aufgetreten und wir hätten nichts dagegen tun müssen.

Dies sind einige der überwältigenden Kräfte, mit denen wir konfrontiert werden, wenn wir aufhören, vor unserer Vergangenheit wegzulaufen, während wir den Prozess der Akzeptanz entwickeln.

Je mehr wir üben, desto weniger begegnen wir auf dem Weg. Ich stelle jedoch fest, dass in der Anfangsphase viel mehr auf unserem Weg auftaucht, an das wir uns nicht erinnern können, dass wir es bestellt haben. Ob wir es bestellt haben oder nicht oder ob es eine Bestellung von einem anderen ist, spielt letztlich keine Rolle.

Das Ziel ist es, alle Bestellungen gleich zu behandeln. Wenn mich diejenigen, die noch am Anfang ihres Weges stehen, fragen: "Woher weiß ich, was mir gehört und was dem anderen gehört?" lautet meine Antwort: "Nichts davon gehört dir". Für viele ist das nur eine vorübergehende Erkenntnis, die ihnen hilft, eine größere Objektivität für das zu entwickeln, was sie wahrnehmen. Allerdings glaube ich, dass das, was sie wahrnehmen, letztlich nicht ihnen gehört. Sie glauben vielleicht, es gehöre ihnen, weil sie in der Vergangenheit mit dem Gedanken oder dem Gefühl verbunden waren, aber das bedeutet nicht, dass es ihnen gehört oder jemals gehört hat. Es ist einfach etwas, mit dem sie sich in der Vergangenheit identifiziert haben und mit dem sie sich weiterhin identifizieren, indem sie ihm Energie geben. Das geht so weit, dass der Gedanke oder das Gefühl sehr intensiv erscheint. Je intensiver es ist, desto eher identifizieren wir uns mit ihm. Die Intensität ist kein Anzeichen dafür, dass es sich um dein Eigentum handelt, sondern nur etwas, dem du in der Vergangenheit viel Energie gegeben hast.

Je nachdem, wie viel Energie dieser Gedanke, dieses Gefühl, dieses Glaubensmuster in der Vergangenheit bekommen hat, nicht nur von dir, sondern von all denen, die genauso glauben, kann es real erscheinen. Je mehr Menschen einer Überzeugung Energie geben, desto "realer" erscheint sie also. Je realer es zu sein scheint, desto mehr Menschen diskutieren über verschiedene Punkte der sich manifestierenden Realität, als ob der Punkt, über den sie sprechen, real wäre und nicht nur ein Produkt der vielen Menschen, die an ihn glauben. Das ist ziemlich interessant, wenn du einen Moment innehältst und darüber nachdenkst.

Je nachdem, wie viele Menschen an deinen Standpunkt glauben, desto realer erscheint er. Je realer er zu sein scheint, desto mehr Menschen geben ihm Energie, je mehr Menschen einem Glauben Energie geben, desto realer erscheint er zu sein.

Wenn du so tief im Kaninchenbau steckst, dass das Drama sehr real geworden ist, dann ist die Angst groß, dass, wenn du aufhörst, deine Kieselsteine der Vergeltung in den Teich zu werfen, die anderen nicht aufhören und du und deine Ideen besiegt werden. Weil wir in der Vergangenheit so viel Zeit und Energie in das gesteckt haben, was wir für unsere persönliche Realität halten, hat sich um diese Wahrnehmung herum eine große Ladung aufgebaut. Wir sehen dann keine andere

Möglichkeit, als weiterhin dieselben Kiesel in den Teich zu werfen. Damit verschlimmern wir einen ohnehin schon instabilen Zustand.

Aus dieser Perspektive gibt es keine Chance, dass eine der beiden Parteien aufhört, Steine zu werfen, zur Vernunft kommt und erkennt, was die derzeitige Situation verursacht hat.

Glücklicherweise glaube ich nicht, dass eine der Konfliktparteien aufhören kann oder muss, die Flammen des Konflikts weiter anzufachen. Abgesehen von der Tatsache, dass wir alle auf einem Weg sind und ihn anscheinend selbst gehen müssen. Wir müssen einen wirklichen Ausweg aus dem Chaos finden, das unser Mangel an Bewusstsein, an Verständnis geschaffen hat. Die Ladung, die sich zwischen den verschiedenen Seiten eines Konflikts aufgebaut hat, sei es in einer Eins-zu-Eins-Beziehung oder zwischen Nationen oder Religionen, muss auf einer anderen Ebene ausgedrückt oder verstanden werden.

Wenn wir jedoch verstehen, dass wir letztlich alle ein Teil desselben Bewusstseins sind, egal welchen Standpunkt wir vertreten oder welche Werturteile wir fällen, dann ist nichts "mein" in dem Sinne, dass es kein individuelles "Ich" mehr gibt, das einen solchen Anspruch erheben könnte. Dieses Verständnis entsteht, je mehr wir uns unseres "eigenen" Schattens bewusst werden. Wenn wir, wie bereits erwähnt, in der Vergangenheit geglaubt haben, dass wir ein isoliertes, getrenntes Individuum sind, wurde dieser Glaube durch das Feedback, das wir aus dem Teich erhalten, noch verstärkt.

Wenn wir zufällig oder gewollt die Konfliktkiesel, die wir in den Teich werfen, reduzieren, kehren weniger Konflikte zurück. Eine der Auswirkungen davon ist, wie bereits erklärt, dass wir die Dichte des Filtersystems, durch das wir die Welt betrachten, verringern. Durch die Verringerung der Dichte gelangen mehr Licht und mehr Informationen, die im Geist gespeichert sind, in unser Bewusstsein. In dem Maße, in dem die Wirksamkeit eines intensiven Filtersystems nachlässt, nimmt das Gefühl ab, dass "ich" getrennt bin. Es liegt auf der Hand, dass dadurch das Bewusstsein entsteht, dass wir alle miteinander verbunden sind, alle ein Teil des Einen, alle ein Teil des Geistes. Je bewusster wir uns werden, dass wir alle Teil desselben Bewusstseins sind, desto unmöglicher wird es, dem anderen die Schuld für Herausforderungen oder Probleme zu geben, denen wir gegenüberstehen.

Parallel zu diesem wachsenden Bewusstsein erkennen wir auf unserer eigenen Reise, dass der Schatten nur in dem Maße existiert, wie wir uns weiterhin als separates, isoliertes Individuum identifizieren. Eine weitere wichtige Auswirkung der Praxis der Akzeptanz ist das wachsende Verständnis, dass wir keine isolierten Individuen sind, sondern ein Teil des Ganzen. Ein Teil, in dem es viel weniger "ich" und "mein", "du" und "dein" gibt.

Dein eigener Schatten fällt von dir ab, weil du ihn ins Licht des Bewusstseins gebracht hast und dabei aufgehört hast, andere zu beschuldigen oder zu verurteilen. Dein eigener Schatten wird schwächer und lässt mehr Licht aus dem Geist in dein Bewusstsein eindringen, was das Licht/die Informationen, die aus dem Geistverfügbar sind, nur noch verstärkt.

Dann kommt ein Punkt, an dem du erkennst, dass der Schatten nur in dem Maße existierte, wie du dich mit deinem Körper, deinen Gedanken und Gefühlen identifiziert hast. Die logische Schlussfolgerung ist, dass der Schatten nie persönlich war.

Wenn das bei dir der Fall ist, wie du durch das Beschreiten dieses Weges herausgefunden hast, dann muss das auch für alle anderen Wesen gelten. Sie haben es vielleicht noch nicht erkannt, aber das ist keine Voraussetzung für eine Veränderung.

Mit deinem Verständnis und deinem Mitgefühl, einem weiteren Produkt der Akzeptanz, stehst du am Rande des Teiches und nimmst all die Informationen wahr, die auf dich einprasseln, derzeit verstärkt durch die sozialen Medien. Anstatt darauf zu reagieren, wie du es vielleicht in der Vergangenheit getan hast, mit oder ohne deine bewusste Beteiligung, fügst du jetzt nicht mehr deine eigenen wertenden Gedanken oder Gefühle hinzu. Ob du sie magst oder nicht, ob du zustimmst oder nicht, es ist alles dasselbe. Einem anderen wird es nicht so vorkommen, wenn er immer noch über das urteilt, was er als Ergebnis seiner vergangenen Handlungen wahrnimmt.

Hier fällt mir ein Zitat ein, das Erwin Schrödinger zugeschrieben wird:

> "Das Weltbild eines jeden Menschen ist und bleibt ein Konstrukt seines Verstandes und es kann nicht bewiesen werden, dass es eine andere Existenz hat".

Da wir heute in einer chaotischen Welt zu leben scheinen, einer Welt, die verrückt geworden ist mit ihrem Wunsch, dass sich ein Individuum oder eine Gruppe von Individuen sicher fühlt, koste es, was es wolle für ihre Mitmenschen. Wenn wir uns daran erinnern, dass wir den Konflikt, den wir erleben, verringern können, indem wir dem, was in unserem Leben auftaucht, keine Energie mehr geben, erkennen wir als Teil unserer Reise des Erwachens, dass die Ladung, die uns alle als Bewohner des Teiches erreicht, einfach nur das ist: Ladung, die sich ausdrücken will.

Wenn wir die Ladung persönlich nehmen, verstärken wir sie nur noch. Das schafft mehr Chaos, Konflikte und Verwirrung. Wenn wir die Fähigkeit entwickeln, diese "Ladung" einfach nur wahrzunehmen, ohne darauf zu reagieren, lassen wir die Ladung in "unserem" mitfühlenden Herzen zusammenbrechen. Obwohl es nicht mehr als "unser" Herz angesehen wird, hören wir einfach auf, die Ladung zu verstärken und verringern sie dadurch.

Wir tun dies ohne die Hilfe anderer, die die Ladung immer noch ernst nehmen. Der Abbau der Ladung ist für uns jetzt mühelos geworden, weil wir die Ladung nicht mehr bewerten, sondern nur noch Informationen sind, die wir nicht mehr mit uns herumtragen, die nicht mehr Teil dessen sind, was wir glauben zu sein. Wie bereits erwähnt, ist dies eine unmögliche Aufgabe für jemanden, der sich noch immer im

Kaninchenbau verirrt hat, aber es ist etwas, das kein Nachdenken und keine Anstrengung mehr von Seiten der Seele erfordert, die den Punkt erreicht hat, an dem sie nicht mehr urteilt, nicht mehr beschuldigt und sich nicht mehr mit all den Phänomenen identifiziert, die sie zuvor ernst genommen hat.

Dieses Zulassen, dass alle Informationen in sich zusammenfallen, ähnelt vielleicht dem, was Gautama am Abend vor seiner Erleuchtung, seinem Erwachen, seiner Ernennung zum Buddha erlebte.

Gemäss der Geschichte heißt es (ich kann die Geschichte nicht wortwörtlich zitieren, aber ich möchte dir das Konzept vermitteln):

Als Gautama Siddhartha beschloss, sich nicht zu bewegen, nicht aus einem tiefen meditativen Zustand herauszukommen, bis er die Barriere durchbrochen hatte, die zu existieren schien und die seine Erleuchtung verhinderte, saß er der Geschichte zufolge in stiller Kontemplation unter dem Bodhi-Baum. Da schickte Mara, der Gott der Illusion, die Armeen der Hölle, die Feste und Hungersnöte, die Seuchen und Pestilenzen, die tanzenden Mädchen (oder Jungen!), um Gautama aus diesem meditativen Zustand herauszulocken, um in seinem Körper eine Reaktion auf all die ihm dargebotenen Phänomene hervorrzurufen. Unerschüttert und unbeeindruckt von all den Illusionen, die Mara ihm präsentierte, wurde Gautama zum Buddha.

Stell dir das in der Sprache vor, die in diesem Buch verwendet wird. Gautama sitzt am Teich und beobachtet in aller Ruhe alles, was entsteht, alles, was von den Millionen von Steinen, die in den Teich geworfen werden, zurückkommt, und bleibt von all dem unberührt, indem er einfach die illusorische Natur der Phänomene erkennt. Indem er nichts davon mit Energie versorgte, brachte er alles zum Einsturz, so wurden ihm die Augen für seine wahre Natur geöffnet.

Das könnte auch unsere eigene Reise zum Zustand ohne Tod beschreiben. Wir beginnen damit, beide Extreme des Lebens zu erforschen, nicht unbedingt im selben Körper. Es kann eine Weile dauern, bis jeder von uns den Mittelweg findet, den Weg des geringsten

Widerstands. Wenn wir das tun, ist es laut der Lehre unvermeidlich, dass wir irgendwann (drei Leben lang, heißt es) erwachen. Das Erwachen wird es uns dann ermöglichen, durch den Prozess des Todes, zu gehen ohne einzuschlafen. Wenn wir unser Bewusstsein während dieses Prozesses beibehalten, haben wir Zugang zu allem, was vorher war, und zu allem, was vor uns liegt, vorausgesetzt, wir identifizieren uns nicht mit der Vergangenheit, Gegenwart und Zukunft!

Richte deinen Blick nicht auf das Ziel, denn das Ziel ist nur ein Ideal, es bedeutet nichts ohne direkte Erfahrung, ohne ein persönliches Wissen. Konzentriere dich stattdessen auf dein tägliches Leben, so wie es jetzt ist. Wenn du den Weckruf gehört und darauf geachtet hast, dann hat sich deine Reise weiterentwickelt und du wirst auf deinem Weg weiterhin unterstützende Darsteller in deinem Stück treffen.

Mit jedem Schritt, der zunächst nur ein kleiner ist, wird das Licht, die Information, immer klarer. In diesem Stadium kann es sich noch um Energie handeln, die einer Illusion gegeben wird. Der letzte Teil der Reise, über den du dir im Moment keine Gedanken machen solltest, denn er kommt, wenn du bereit bist, ist das Loslassen jeglicher Identifikation mit deinem Körper, deinen Gedanken oder Gefühlen. Wenn du den Weg bis zu dem Punkt gegangen bist, an dem du die Illusion zum Einsturz bringen kannst, indem du keinem Aspekt des Verlangens, der Angst oder der Ablehnung nachgibst, dann ist der letzte Schritt eine ausgemachte Sache. Stell dir vor, das passiert jetzt. Wir sind so stark an den Körper, die Gedanken und die Illusion gebunden, dass es unvorstellbar ist, sich eine andere Art des Seins vorzustellen.

Meiner Erfahrung nach sind sich nur wenige Menschen dieses Weges bewusst oder haben ein Interesse daran, ihn zu gehen. Die Mehrheit der "Westler" auf diesem Planeten – ich weiß nicht viel über andere Ethnien – scheint viel mehr darauf fokussiert zu sein, mehr zu bekommen. Mehr Geld, Glück, Macht, Liebe, was auch immer. Auf der ganzen Welt gibt es zahlreiche Programme, die die Chance bieten, mehr zu bekommen. Wenn du an diese Programme glaubst, musst du einfach mehr manifestieren statt härter zu arbeiten, was eine Falle ist.

Ich glaube, die einzigen Menschen, bei denen das zu funktionieren scheint, sind diejenigen, die ihre Überzeugungen zu diesem Thema teilen. Die meisten besuchen Workshops, lassen sich von dem Hype anstecken, gehen voller positiver Absichten und Manifestationsgedanken nach Hause, landen aber wieder dort, wo sie vorher waren.

Wenn du dieses Buch bis hierher gelesen hast, sollte dir klar sein, dass du zurückbekommst, was du hineingesteckt hast. Man muss sich nicht anstrengen, um etwas "hineinzugeben", das geschieht automatisch. Erinnere dich aber daran, dass der Schatten immer noch ein Teil dessen ist, was du hineingesteckt hast, wenn er nicht erkannt und angesprochen und ins Licht des bewussten Bewusstseins gebracht wurde. Es sind oft die Schattenaspekte, die deine Bemühungen, "mehr zu bekommen", sabotieren.

Es ist auch der Schatten, der den Wunsch nach mehr erzeugt. Ein Paradoxon. Angetrieben von tief unterbewussten Unsicherheiten, Mangel, nicht genug zu haben, was in erster Linie eine karmische Ladung ist, wie bereits erwähnt, sind wir immer mehr in dem Glauben gefangen, dass unsere Realität "real" ist.

Verloren in diesem Drama, zu dem wir durch unsere Erfahrungen geworden sind, um das Holoversum zu nähren, bekommen wir immer wieder die Bestätigung, dass mehr von dem, was auch immer, alle unsere Probleme lösen wird. Das ist natürlich nicht wahr. Wenn du tiefer in die Illusion eintauchst, die deine manifestierte Realität ist, gibst du ihr nur noch mehr Energie und verstärkst die Illusion.

Ziele zu verfolgen ist nichts Schlechtes, sich selbst zu verbessern ist nichts Schlechtes, solange du dich daran erinnerst, dass du in dieser Welt bist, aber nicht von dieser Welt. Das heißt, genieße die Reise, aber lass dich nicht darauf ein, dass sie die einzige Show in der Stadt ist. Versuche, dir der Realität hinter dem Vorhang bewusst zu sein.

Die Erwartung, dass man alles manifestieren kann, was das Herz begehrt, ohne sich mit dem Schatten zu befassen, ist zum Scheitern verurteilt. Dabei muss auch die Geschichte des Einzelnen berücksichtigt werden. Es ist schwer zu sagen, wie lange man schon auf dem Weg der Akzeptanz ist und welcher Schatten in einem selbst existiert. So kann eine Person in der Lage sein, alles zu verwirklichen, was sie sich wünscht, weil frühere Entscheidungen diese Möglichkeit jetzt zulassen. Wer weiß, wie lange diese Person gebraucht hat, um dieses Stadium zu erreichen. Ich hätte gerne einen Zauberstab, mit dem ich die Menschen auf dem Weg befreien könnte, um ihnen die Augen zu öffnen und zu manifestieren, was sie wollen.

Leider bin ich noch nicht zum fortgeschrittenen Praktiker der Magie aufgestiegen.

Das Paradoxe daran ist, dass es im Schatten einen vermeintlichen Mangel gibt und wir viel "tun" müssen, um wenig zu erreichen. Das bekannte Zen-Sprichwort:

> "Viel tun, um wenig zu erreichen – wenig tun, um viel zu erreichen – nichts tun, um alles zu erreichen".

Der einzige Grund, warum wir etwas "tun" müssen, ist der Schatten. Wir befinden uns in einem ständigen Kampf mit dem Schatten, das heißt in einem ständigen Kampf mit uns selbst. Seltsam, oder? Wir sind unser eigener schlimmster Feind und merken es doch nicht.

Während wir also eine starke Bindung an unseren Körper, unsere Gedanken und Gefühle haben, existiert auch der Schatten, der eine wichtige Rolle bei der Erschaffung unserer persönlichen Realität spielt. Das führt zu einer unsicheren Lebenseinstellung, weil wir immer das Gefühl haben, dass mehr unsere Probleme lösen wird. Also gehen wir in Manifestationsworkshops, in der Hoffnung, dass wir dort die Antworten finden.

Doch dieses scheinbare Bedürfnis nach mehr wird vom Schatten oder von unterbewussten Wünschen angetrieben, die auf Unsicherheit basieren.

Wenn wir eine Praxis der Akzeptanz entwickeln, verliert die Anhaftung an das Selbst, oder genauer gesagt die Anhaftung an Aspekte unserer Persönlichkeit, die Persönlichkeit, das, wofür wir uns halten, an Macht. Das bedeutet auch, dass diese Teile des Schattens langsam ins Licht des Bewusstseins gerückt werden.

Je mehr die Schattenaspekte ins Bewusstsein gerückt werden, desto weniger spielen sie eine Rolle bei der Kontrolle unserer Zukunft, und je weniger Kontrolle sie haben, desto weniger Unsicherheit entsteht oder wirkt hinter den Kulissen und erzeugt Symptome der Unsicherheit. Je weniger wir verunsichert sind, desto mehr sind wir im Fluss.

Erinnere dich daran, dass wir geübt haben, weniger wertend zu sein, um zu akzeptieren. Dadurch, dass wir weniger urteilen, werfen wir auch weniger Steine des Urteils in den Teich. Der offensichtliche Effekt davon ist, dass wir weniger Konflikte zurückbekommen, die zuvor mit den geworfenen Kieselsteinen verbunden waren. Die Rückmeldung des Holoversums verändert sich, das Leben wird einfacher, wir sind mehr im Fluss und werfen weniger konfliktreiche Kiesel (das Ergebnis des Schattens) in den Teich und der ganze Prozess wird einfacher, weil das neue Feedback diese neue Art zu sein unterstützt.

Wenn sich dieser Prozess entfaltet und weniger Symptome der Unsicherheit auftauchen, die auf verschiedene Kieselsteine zurückzuführen sind, verringert sich auch das Bedürfnis nach mehr. Nicht, weil du nicht mehr brauchst oder verdienst, sondern weil deine Bedürfnisse einfach dadurch erfüllt werden, dass du im Fluss bist, was bedeutet, dass der Schatten nicht mehr so viel zu deinem sich entfaltenden Weg beiträgt. Indem du dir selbst aus dem Weg gehst, bist du nicht mehr dein eigener ärgster Feind, du brauchst nicht mehr mehr, um dich sicher zu fühlen.

Dann kommt das Mehr einfach zu dir, ganz mühelos. Manifestation ist "real", sie ist ein "Gesetz des Universums". Es war nur so, dass dein Schatten all deine Bemühungen sabotiert hat, indem er dich dazu gebracht hat, härter zu arbeiten und mehr Workshops zu besuchen, in einem nie endenden Kampf mit dir selbst.

Denke daran, dass du immer das zurückbekommst, was du in das Holoversum investierst. Das Holoversum urteilt nicht über dich, es entscheidet nicht, wer was verdient, es spiegelt dem Einzelnen einfach das zurück, was er hineingesteckt hat. Wenn du Unsicherheit oder Mangel hineinsteckst, was erwartest du dann, was zurückkommt?

Wenn an dem, was ich geschrieben habe, etwas Wahres dran ist, dann geht es nicht darum, andere zu retten, bevor wir uns selbst gerettet haben.

Wenn wir versuchen, anderen zu helfen, während wir noch in unserem Traum versunken sind, wenden wir lediglich Techniken an, die zwar funktionieren, aber auf lange Sicht nur sehr begrenzte Auswirkungen haben. Denn wenn wir denken, dass wir anderen helfen können, während wir noch unter unserem eigenen Schatten leiden, helfen wir dann wirklich?

Aufgrund persönlicher Erfahrungen habe ich beschlossen, niemandem ein Wort zu glauben, der mir etwas erzählt. Ich höre zu, aber ich habe schon so viele Menschen gehört, die mir eine Idee oder einen Glauben verkaufen wollten, dass ich diese Ideen oder Überzeugungen nicht unterstützen kann, wenn sie mich weiter in den Kaninchenbau führen.

Der Prozess des "Clearing" oder der Akzeptanz, dem ich gefolgt bin, obwohl er zunächst nur ein weiterer Glaube ist, ist, wie ich feststelle, ein Glaube, der darauf ausgelegt ist, sich selbst zu zerstören. Sobald der Schatten durch die Anwendung des Prinzips der Akzeptanz auf alle Phänomene vollständig akzeptiert oder losgelassen wurde, gibt es nichts mehr zu "klären" oder zu akzeptieren. Das Training besteht darin, eine Praxis der Akzeptanz zu entwickeln, und sobald dies vollständig erreicht ist, gibt es nichts mehr zu beurteilen.

Einfach ausgedrückt: Wenn wir unsere Praxis entwickeln, öffnen sich unsere Augen weiter, wir sehen mehr, wir verstehen mehr. Je mehr wir sehen und je mehr wir verstehen, desto weniger urteilen wir. Je weniger wir urteilen, desto weniger Steine des Konflikts werden in den Teich geworfen. Das, was der Teich antwortet, ist dann nicht mehr so stark polarisiert in mag ich, mag ich nicht, gut und böse. Die Polaritäten sind Konzepte, die nur deshalb entstanden sind, weil wir immer noch wertende Kieselsteine in den Teich geworfen haben.

Nichts ist einfach, oder es scheint nur so. Wir verwenden den Begriff "kulturelle Identität", um unsere Vergangenheit, unsere Bindung an diese Vergangenheit und die Macht, die diese Vergangenheit über uns hat, zu beschreiben. Das setzt voraus, dass die Person, die sich mit dieser kulturellen Identität identifiziert, tatsächlich ein Teil dieser historischen Linie ist. Das kann verwirrend sein, denn es ist nicht einfach, diesen Bereich in wenigen Worten zu beschreiben.

Bedenke dies. Wir glauben heute, dass der Geist nicht ortsgebunden ist – das heißt, er ist nicht auf Zeit und Raum beschränkt und hat aus unserer physischen Perspektive weder Anfang noch Ende. Zeit, wie wir sie kennen, gibt es in diesem Geist nicht. Wenn wir Menschen für die Informationen, die in den Geist eingegeben werden, mitverantwortlich sind und der Geist keine Vergangenheit oder Zukunft hat, dann existieren alle Informationen, die von der Menschheit in allen Zeitaltern eingegeben wurden, im Geist.

Wir sind dieser Geist, wir sind eins mit ihm, bis wir geboren werden und glauben, dass wir getrennt sind. Wir werden in eine Welt hineingeboren, die bestimmte Überzeugungen und Werte vertritt, die sich mit einer Vergangenheit und einer kulturellen Identität identifiziert. Wenn die Person, die Seele, die in eine Welt mit einer starken kulturellen Identität hineingeboren wird, keine Erinnerung an frühere Inkarnationen hat, kann sie leicht darauf programmiert werden, zu glauben, dass diese kulturelle Identität ein Teil dessen ist, für den sie sich halten wird. Vor der Geburt gab es keine Trennung, keine kulturelle Identität.

Diese Verbindung kam nur dadurch zustande, wann und wo du geboren wurdest. War es ein Zufall, das Schicksal oder etwas anderes, das bestimmt hat, wann und wo du geboren wurdest? Rein hypothetisch könnte meine "Seele" zum Beispiel eine Zeit lang in den Bergen Tibets gelebt haben, wo der Buddhismus Teil des täglichen Lebens war. Zumindest in der ferneren Vergangenheit. Dann könnte ich aufgrund von Entscheidungen, die ich in dem Glauben getroffen habe, dass ich ein Buddhist bin, eine Erfahrung in Nordindien gemacht haben. Immer noch dem Glauben an den Buddhismus folgend. Das ist hypothetisch, denk daran. Dann wurde ich, aus welchen Gründen auch immer, in England geboren, immer noch mit diesem inneren Wissen oder der Erinnerung an die buddhistischen Lehren.

Ich gebe dieser Geschichte aus mehreren Gründen keine wirkliche Bedeutung. Vor allem, weil ich mit 14 Jahren in einer Schulstunde zum ersten Mal von der buddhistischen Philosophie erfuhr. Ich fragte, warum der Buddhismus im Religionsunterricht nicht vorkommt. Die Lehrerin ignorierte meine Frage. Ich hatte keine Ahnung, woher das kam, jedenfalls nicht aus meinen genetischen Erinnerungen. Soweit ich weiß, hat sich niemand in meinem Familienstammbaum jemals für die Lehren des Buddha interessiert.

Irgendwoher muss es aber gekommen sein, aber woher?

Meine frühere Geschichte, dass ich in einem buddhistischen Land geboren wurde, kann ich nur vermuten, denn das Verständnis, das ich in diesen frühen Jahren in diesem Körper hatte, war so grundlegend, so "kindergartenmäßig", dass es peinlich ist, zurückzuschauen und zu denken, dass ich überhaupt etwas über diese Lehren wusste. Es war jedoch ein bedeutender Punkt auf meiner Reise der Entfaltung. Ohne es zu wissen, beschritt ich einen Weg auf dem ich mehr über diesen Pfad lernte und was sich auf dem Weg zeigte, war unglaublich unterstützend.

Es hat mich zu einem viel größeren Verständnis, zu einem Wissen über die Essenz der Lehren des Buddha geführt.

Vielleicht blicke ich immer noch mit Verlegenheit auf diese Zeiten zurück und erkenne, dass ich immer noch nur wenig verstehe, aber ich weiß, dass ich viel mehr verstehe als damals, selbst in meiner jüngsten Vergangenheit.

Die Pointe dieser kleinen Geschichte ist, dass das Einlegen von Kieselsteinen in den Teich nicht mit diesem Leben begonnen hat, sondern ein kontinuierlicher Prozess ist, der weder Anfang noch Ende hat. Frühere Generationen haben in einem kontinuierlichen Prozess dieselben Glaubenssätze in den Teich geworfen, die das geschaffen haben, was wir kulturelle Identität nennen. Welches Phänomen auch immer dazu geführt hat, dass du in eine Gesellschaft mit dieser kulturellen Identität hineingeboren wurdest, es hat in dir eine kulturelle Identität geschaffen, die dir real erscheint und die Teil deiner Geschichte ist. Alle Gesellschaften haben eine kulturelle Identität, auf die sie stolz sind. Wenn diese Identität ein wenig schwach ist, erfindet die Gesellschaft ihre eigene Kultur, um ihr einen größeren Sinn zu geben.

Was ist, wenn du zum ersten Mal in diesem besonderen Bewusstseinsstrom bist? Die Vergangenheit dieses Bewusstseins hat nichts mit dir zu tun, aber aufgrund der Tatsache, wann und wo du geboren wurdest, wirst du in dem Glauben indoktriniert, dass dies tatsächlich ein Teil deiner Geschichte ist. Du identifizierst dich damit, aus einem bestimmten Land zu kommen, einen bestimmten religiösen Glauben zu haben, eine nationale Identität zu besitzen. Du wirst in diesem Glaubenssystem indoktriniert. Infolgedessen wirfst du deine eigenen Kieselsteine in den Teich, um diesen Glauben zu unterstützen und ihm mehr Energie zu geben. Je mehr Energie ein Glaube erhält, desto realer erscheint er. Du fügst der kulturellen Identität deine Energie hinzu und sorgst so dafür, dass sie für künftige Generationen fortbesteht. Aber war es jemals ein Teil von dir oder nur etwas, das du für einen kurzen Moment geglaubt hast?

Manchmal kann diese kulturelle Identität, dieser Nationalismus, zu Konflikten mit anderen Menschen führen, die aufgrund ihres Geburtsortes und – zeitpunktes eine andere kulturelle Identität haben als du und die im Gegensatz zu der Lebensweise zu stehen scheinen, die dir indoktriniert wurde. Wenn wir aber nur eine Ansammlung von Glaubenssätzen sind, die das Ergebnis all der Kieselsteine sind, die von früheren Generationen in den Teich geworfen wurden, dann werden diese Glaubenssätze nur von denjenigen am Leben erhalten, die ihnen blindlings folgen und ihre eigenen Kieselsteine zur Unterstützung dieser Realität werfen. Indem wir diese Überzeugungen immer wieder bekräftigen, schafft diese starke nationale Identität natürlich eine so mächtige – scheinbar mächtige – Realität, dass wir uns darin verlieren, wir tragen dazu bei, dass sich die Spaltung zwischen den anderen fortsetzt und das "Chaos" immer größer wird.

Je intensiver das Chaos wird, desto ernster nehmen wir unsere Rolle, und je ernster wir unsere Rolle nehmen, desto mehr Energie geben wir ihr. Kein Wunder, dass wir in einer sehr verwirrenden Welt leben. Wir stecken so tief in diesem Kaninchenbau, dass die einzige Option für viele der Konflikt zu sein scheint.

Wenn wir die Realität, in der wir leben, verändern wollen, müssen wir zuerst damit beginnen, den Konflikt, den wir sehen, aufzulösen. Wir können nichts Grundlegendes ändern, indem wir mehr Konflikte in den Teich werfen, in der Hoffnung, dass eines Tages Frieden entsteht. So funktioniert das Holoversum nicht.

Es wird schwieriger sein, Konflikte zu lösen, wenn du durch dein bisheriges Denken und Handeln oder durch deine Identifikation mit "traditionellen" kulturellen Mustern so fest davon überzeugt bist, dass "du" Recht hast. Je mehr Energie du in der Vergangenheit in eine Überzeugung gesteckt hast, desto eher wird dein nächster Moment zu einer Wiederholung vergangener Gedanken und Überzeugungen.

Stell dir ein reines Bewusstsein vor, das darauf wartet, dass ein Körper zur Verfügung steht. Du hast eine Vorgeschichte, d.h. du hast

Ladungen, die du in deinem letzten Körper nicht ausgedrückt hast. Schließlich gelangst du an die Spitze der Warteschlange, wo deine Daten in den großen Computer des Geistes eingegeben werden. Der Algorithmus schlägt dir einen Charakter vor, du bekommst ein Skript, eine Zeit und einen Ort für deinen Eintritt und schon geht es los. Du hast nicht viel Zeit, dir das Skript anzusehen, gerade genug Zeit, um dir ein Lächeln oder eine Grimasse ins Gesicht zu zaubern, und ehe du dich versiehst, bist du in einem anderen Körper.

Befindest du dich im Körper eines Mädchens oder eines Jungen, oder herrscht im Drehbuch Verwirrung darüber, was du bist? Du wirst in der dritten Dimension willkommen geheißen, hoffentlich von deinen Eltern und deinen Geschwistern, die vor dir angekommen sind. Du hast noch eine vage Erinnerung daran, wie es war, bevor du diese neue kleine Form angenommen hast. Das ist eine Herausforderung, denn nur der unterscheidende Verstand kann sich daran erinnern oder den Zustand beurteilen, in dem du warst! Diese Erinnerung verblasst schnell, wenn du dich daran gewöhnt hast, in einem winzigen Körper festzusitzen und völlig von anderen abhängig zu sein. Diese "Anderen" haben längst vergessen, dass sie nur eine Rolle spielen und dass sie diese Rolle gemäß ihrem Drehbuch so gut wie möglich gespielt haben.

Jetzt beginnt der Prozess der Indoktrination in die kulturellen Überzeugungen der Familie, in die du hineingeboren wurdest. Es wird nicht lange dauern, bis du deine Rolle spielst und zur Geschichte des Volkes beiträgst, in dem du dich gerade befindest. Aber was ist das für eine Rolle? Warum gerade du? Das "Du", das diese Rolle noch nie gespielt hat, hat keine Erinnerung an das, was vorher war, wenn überhaupt, wirst du zu einem Gläubigen der Vergangenheit, unterstützt von deiner Umgebung und den Menschen, die in dieser Umgebung leben.

Wurde die Rolle, die du jetzt spielst übernommen von vergangenen Gedanken und Emotionen, die von denjenigen, die vor dir kamen und der gleichen Denkweise folgten, in den Teich getragen wurden? Hast du überhaupt einen freien Willen oder denkst du nur, dass du einen hast? Hattest du in deinem Körper jemals die Kontrolle oder tust du nur das, was die Umweltbedingungen vorschreiben? Die ganze Zeit, in der du auf das reagierst, was das Holoversum dir zurückmeldet, bleibst du ein Opfer der Vergangenheit. Aber wenn es das ist, was das Skript sagt, dann ist es das, was du tust.

Erinnere dich daran, dass dein Skript ein Produkt dessen ist, was vorher geschah, was Karma, der große Algorithmus, für dich geschaffen hat. Das wird so lange so weitergehen, bis sich in diesem Drehbuch die Gelegenheit ergibt, einen Schritt zurückzutreten und einen Blick auf das zu werfen, was hinter dem Vorhang passiert. Wirst du dieser Gelegenheit folgen? Ist es wiederum dein freier Wille, der dir das erlaubt, oder steht es in deinem Drehbuch, dass du das tun sollst?

Je weniger du die Vergangenheit in das Holoversum einspeist, desto weniger werden die Kämpfe, die mit diesem Weg verbunden sind, zu dir zurückkehren. Irgendwann wirst du frei von der Vergangenheit sein. Kannst du dir vorstellen, wie dieser Zustand sein wird?

Warnung! Du näherst dich dem Zustand ohne Tod

Die Erzählung neu schreiben.

Die Frage, die sich aus der obigen Warnung ergibt, lautet: Wer genau ist es, der sich dem todeslosen Zustand nähert? Sicherlich nicht eine Persönlichkeit.

Ich glaube, dass es die Persönlichkeit und die Anhaftung, die wir an sie haben, sind, die uns daran hindern, zu erkennen, dass wir bereits ein Teil dieses Geistes sind und schon immer waren. Wenn wir daran interessiert sind, die Geschichte, die wir hier auf der Erde erleben, neu zu schreiben, dann müssen wir wohl zuerst akzeptieren, wo wir uns im Hier und Jetzt befinden. Wenn wir das nicht akzeptieren, kann das an der Bindung an den Körper und die Persönlichkeit liegen, die wiederum von den Schattenaspekten, die wir noch haben, angetrieben werden können.

So wie ich es jetzt verstehe, haben wir diese so genannten Schattenaspekte nur deshalb, weil wir immer noch so stark mit unserem Körper und unserer Persönlichkeit identifiziert sind. Ein Paradoxon?

Wenn wir anfangen, Akzeptanz zu verstehen und zu praktizieren, müssen die Urteile wegfallen, denn das ist es ja, was Akzeptanz bedeutet. Allerdings sind wir nicht in der Lage, vollständig zu akzeptieren, weil unsere vergangenen Konditionierungen so stark sind. Akzeptanz ist ein langsamer Prozess und wird nur dann umgesetzt, wenn sich schon früh auf der Reise positive Ergebnisse zeigen. Etwas, das diese Reise lohnenswert macht.

Wenn wir akzeptieren, was sich zeigt, und wir weniger urteilen, wird auch der Wunsch nach Veränderung geringer, wenn er von Unzufriedenheit mit der aktuellen Realität getrieben wird. Wir sind nur deshalb mit der sich manifestierenden Realität unzufrieden, weil wir Urteile haben. Wenn die Urteile verschwinden, nimmt auch die Unzufriedenheit ab. So wird der Wunsch nach Veränderung weniger wichtig, und erst dann kann ein neues Narrativ entstehen.

Die größte Schwierigkeit, mit der die meisten Menschen konfrontiert sind, ist das Loslassen von Urteilen. Der urteilende Verstand befürchtet, dass er an Macht verliert, wenn er seine Werte und Urteile loslässt. Dieser Glaube entsteht nur, weil wir an alten Werten festhalten und die Welt durch diese urteilenden Augen sehen. Wenn die Urteile wegfallen, fällt auch der Widerstand weg. Das, was wir bekämpft haben, fällt weg und eine neue Realität beginnt zu entstehen.

Es ist schwer, sich so etwas vorzustellen. Die alte Denkweise war, dass die anderen Werte gewinnen werden, wenn wir nicht für das kämpfen, was wir für richtig halten. Dieses Denken hält eine stark polarisierte Gesellschaft aufrecht, eine sich selbst aufrechterhaltende Illusion, in der eine nachhaltige, positive Veränderung unmöglich ist.

So sind wir in einer scheinbar unendlichen Schleife gefangen. Jedes Mal, wenn wir mehr Energie aufwenden, um das Gleichgewicht zu erhalten oder den Status quo zu unterstützen, bleiben wir Teil des Problems.

Wachen immer mehr Menschen aus ihrem Traum auf und beginnen, diese Realität zu hinterfragen? Ist sie in irgendeiner Weise real? Wenn dies der Fall ist, könnten wir einen Wendepunkt erreichen, an dem die Energie zusammenbricht, die zur Aufrechterhaltung der alten Lebensweise benötigt wird. Vielleicht erleben wir das in diesen unsicheren, turbulenten Zeiten gerade. Oder tauscht die Mehrheit einfach eine "Realität" gegen eine andere aus?

Das wäre wie jede andere Revolution, die ihr vorausgegangen ist. Eine Art des Seins wird gegen eine andere ausgetauscht. Haben Revolutionen wirklich etwas verändert? Oberflächlich betrachtet, ja, aber die tieferen Aspekte unseres Seins haben sich nicht grundlegend verändert.

Kein System verliert gerne seinen Sinn und seine Machtbasis und wird sich gegen Veränderungen wehren, weil es immer noch glaubt, dass Macht und Sinn in einer neu entstehenden Realität erreichbar sind und einen echten Wert darstellen.

Ein neues Narrativ entsteht nicht durch neue Träume, vor allem weil sich der "Träumer" nicht grundlegend verändert hat. Solange die Unsicherheit oder die Unzufriedenheit mit der gegenwärtigen Realität noch besteht und die treibende Kraft für Veränderungen bleibt, ist nichts Nachhaltiges möglich. Jede Veränderung, die sich aus einem derart polarisierten Wertesystem ergibt, ist das Ergebnis davon, dass ein Teil der Gemeinschaft ein bestimmtes Ergebnis will, während eine andere Gemeinschaft ein anderes Ergebnis wünscht. Anhaltende Konflikte müssen das Ergebnis eines solchen Prozesses sein.

Wenn genug Menschen aufhören, das Drama zu füttern, wird es schwieriger, es aufrechtzuerhalten. Ich weiß nicht, wie viele Menschen nötig sind, aber wenn das Leben auf diesem Planeten weitergehen und sich zu einem größeren Potenzial entwickeln soll, sind grundlegende Veränderungen erforderlich. Nicht Veränderungen, die durch den andauernden Konflikt zwischen einer Gruppe von Werten und einer anderen Gruppe von Werten herbeigeführt werden.

Durchschaue die Illusion, wirf einen Blick hinter den Vorhang und wisse, dass jede wirkliche Veränderung bei dir selbst beginnen muss, ändere deinen Geist, dein Herz und sei Teil einer neuen Zukunft, einer Evolution des Bewusstseins.

Viele dieser Informationen werden von denen nicht gelesen werden, die nicht bereit sind, sie zu hören. Was ich hier erzähle, basiert auf meinem aktuellen Wissen darüber, wie wir die Welt erschaffen, in der wir persönlich leben, und wie wir sie verändern können. Wenn diese Informationen verstanden werden, werden sie alle bisherigen Überzeugungen in Frage stellen, denn mit dem Verstehen kommt auch das Wissen, was das buddhistische Sprichwort bedeutet.

"Da alles ein Produkt des eigenen Geistes ist
bedeutungslos wie eine magische Illusion
und nichts mit gut oder schlecht – richtig oder
falsch – zu tun hat kann man durchaus
in Gelächter ausbrechen".

Wenn nur ein kleiner Prozentsatz der Wörter in diesem Buch auch nur annähernd so ist, wie unsere Realität erschaffen wird, dann sind die Bedeutungen enorm.

Stell dir vor, du schwimmst in einem Meer des Bewusstseins, in dem sich jeder Teil auf alle anderen Teile auswirkt. Es ist leicht zu erkennen, wie sich Informationen, aber auch Krankheiten verbreiten. Wenn wir alle die ganze Zeit Informationen aufnehmen, steht uns in diesem Meer des Bewusstseins alles zur Verfügung. Aber wir erkennen nicht, dass dies geschieht, und aufgrund der kollektiven Konditionierung glauben wir, dass die Information (Krankheit) unsere ist, und durch diese Vorstellung wird sie dann auch unsere.

Wie wird die Information in diesem Meer des Bewusstseins so stark, dass sie unsere Wahrnehmung dominiert und wir sie für real halten? Ganz einfach: Durch die Energie, die in das Meer hineingesteckt wird. Je mehr Energie hineingesteckt wird, je mehr Menschen sich einem bestimmten Glauben oder Gesundheitsthema anschließen, desto wahrscheinlicher ist es, dass wir davon betroffen sind.

Je mehr ich verstehe, desto weniger weiß ich wirklich.

Wenn irgendetwas von dem, was ich bisher geschrieben habe, auch nur annähernd der Wahrheit entspricht, dann ist meine Realität ein Produkt dessen, worauf ich mich in der Vergangenheit konzentriert habe, worauf ich meine Aufmerksamkeit gerichtet habe. Ich sehe das überall um mich herum, nicht nur bei mir, sondern bei allen.

Unsere schöpferische Fähigkeit ist wirklich erstaunlich. Es ist eine Schande, dass viele dieses Potenzial damit verbringen, Konflikte zu schaffen. Wirklich eine Schande? Ist diese Erfahrung wie der Sandkasten, ein Ort, an dem die Schuldfrage geklärt wird?

Zusammenfassung des todeslosen Zustands

Ich habe bereits darüber geschrieben, dass ich den buddhistischen Begriff Bardo als ein Reich des Werdens verstehe. Ein Ort der unendlichen Möglichkeiten. Manche sagen, dass diese Welt, in der wir jetzt leben, ein Bardo ist. Ein Bardo kann auch als ein evolutionärer Schritt in Richtung auf etwas anderes gesehen werden, als das, was wir aus unserer jetzigen Perspektive, den Begrenzungen, die uns durch unser Dasein in einem physischen Körper auferlegt sind, verstehen können.

Während wir in diesem Körper "leben", habe ich in diesem Buch oft über das Holoversum als Erklärung dafür gesprochen, wie unsere wahrgenommene Realität entsteht. Einfach gesagt: Was wir hineingeben, bekommen wir auch zurück. Allerdings ist die Zeitspanne zwischen dem, was wir hineingegeben haben, und dem, was wir zurückbekommen, so lang, dass wir vielleicht schon vergessen haben, was wir überhaupt hineingegeben haben. Wenn es dann zurückkommt, erkennen wir nicht, dass wir diese Realität bestellt haben.

Wahrscheinlicher ist, dass das, was wir in das Holoversum eingegeben haben, aus unserer unterbewussten Konditionierung entstanden ist. Also etwas, das wir nicht bewusst bestellt haben. Das gilt für die meisten von uns, wenn wir durch dieses Leben reisen, während wir immer noch von den Schattenaspekten des Selbst beeinflusst werden, den Teilen, die wir laut Jung noch nicht vollständig akzeptiert oder ins Licht des Bewusstseins gebracht haben. Solange wir uns dessen nicht bewusst sind, was wir in diese kosmische Suppe, auch bekannt als das Holoversum, den Geist oder Gott, hineingegeben haben, bleiben wir Opfer unserer vergangenen Konditionierung.

Stell dir vor, dass dieser Prozess, der Bardo-Zustand, nach dem Tod des physischen Körpers weitergeht. Der Hauptunterschied besteht darin, dass es keine Zeitverzögerung zwischen dem Gedanken oder dem emotionalen Impuls gibt, sondern die Manifestation des Gedankens oder des emotionalen Impulses unmittelbar erfolgt.

Wenn wir erkennen, dass wir die ganze Zeit über Opfer unserer unterbewussten Konditionierung bleiben, sind wir uns nicht bewusst, was wir in die Suppe einspeisen. Das scheint sich auch nach dem Tod des Körpers nicht zu ändern. Es gibt einen Teil von uns, der sich weiterhin mit dem Körper, den Gedanken und Gefühlen identifiziert. Wir sind so stark an dieses, wie es im Buddhismus heißt, "Körperbewusstsein" gebunden, dass diese Bindung auch nach dem Tod fortbesteht. Die Hauptlast, die Assoziation mit dem Körper, die nach unserem Tod bleibt, ist die, die den Bardo-Zustand bildet, in den wir Energie stecken und so eine fortdauernde Realität manifestieren.

Das kann man folgendermaßen erklären. Stell dir vor, du befindest dich an einem dunklen Ort, an dem es kein Oben oder Unten, Links oder Rechts gibt. Kein gut oder schlecht, richtig oder falsch. Nur ein leerer, friedlicher, ruhiger Ort. Dann versuche dir einen unerfüllten Wunsch oder ein unerfülltes Bedürfnis vorzustellen. Sieh dies als einen energetischen Impuls, entweder einen Gedanken oder eine emotionale Ladung. Dieser Gedanke oder diese Emotion ist ein Überbleibsel aus der Zeit, als du einen Körper hattest, mit dem du dich so stark identifiziert hast.

Das ist nicht anders als zu der Zeit, als du in deinem Körper gelebt hast. Es handelt sich um eine Ladung, die in das Holoversum eingebracht wird und die zu dir zurückkommt, ohne Urteil, ohne Schuldzuweisung, sondern einfach nur das, was du hineingegeben hast und damit deine wahrgenommene Realität geschaffen hast. Nach dem Tod des Körpers hat sich nichts geändert. Nur während wir im Körper waren, hatten wir eine gewisse Wahl, wenn auch keine große, da wir uns ständig mit dem Körper, den Gedanken und Gefühlen identifizieren.

Wenn der Körper stirbt, gibt es nichts mehr, was uns in die Lage versetzen würde, Gut und Böse, Richtig und Falsch (nach unserem Empfinden) zu unterscheiden. Wir sind dann nur noch das Ergebnis von Wünschen, Gedanken und Gefühlen, die sofort eine Realität schaffen, ohne die Möglichkeit, diese zu ändern.

Die Kieselsteine, die Gedanken und Gefühle, die in den Teich fallen, erschaffen die Welt, in der wir zu leben scheinen.

Dieser dunkle, leere Ort kann also durchaus ein Ausdruck der wahren Natur des Geistes sein, die wir nach der buddhistischen Lehre verlieren, wenn wir geboren werden. Wir vergessen buchstäblich unsere Verbindung zu dieser Wahren Natur des Geistes, wenn wir in die Trennung hinein erzogen werden, um wieder in einem Körper zu sein.

Dieser leere, formlose Ort, ein Ort der unendlichen Möglichkeiten, kann durchaus der Ort sein, aus dem alles andere entsteht. Wenn Energie, Gedanken und Gefühle an diesen leeren Ort gelangen, manifestieren sie sich sofort und schaffen ein Bardo. Ein Zustand des Werdens. Solange wir uns dessen nicht bewusst sind, was wir an diesen Ort der unendlichen Möglichkeiten bringen, bleiben wir in dem einen oder anderen Drama gefangen und haben keine Kontrolle darüber, was und wo wir uns "befinden".

Wenn der Körper stirbt, stirbt auch jeder Aspekt von uns, der die Macht hat, über das, was folgt, objektiv zu sein. Es gibt niemanden mehr, der zwischen richtig und falsch, gut und schlecht unterscheiden kann. Diese Unterscheidungskraft kommt mit einem Körper. Ohne

Körper gibt es niemanden mehr, der unterscheiden kann. Nur eine Restladung, die noch zum Ausdruck gebracht werden muss. Aber die Assoziation, die wir mit dem Körper hatten und vielleicht immer noch haben, schafft einen Phantomkörper, durch den wir den Bardo-Zustand erleben.

Wenn es unser Ziel ist, in der wahren Natur des Geistes zu ruhen und uns zumindest dessen bewusst zu sein, was wir in diesen Geist hineingelegt haben, dann müssen wir zuerst die Schattenaspekte des Selbst loslassen oder verstehen.

Meiner Meinung nach sind alle Schattenaspekte oder sogar karmische Einflüsse, auch bekannt als "Ladung", abhängig von den verbleibenden Assoziationen/Anhaftungen, die wir mit dem physischen Körper haben. Sobald wir den Schatten vollständig angenommen und das Bewusstsein verstanden haben, sobald wir hinter den Vorhang sehen, kann es kein Karma und keine unterbewusste Ladung mehr geben, denn diese Aspekte sind einfach das Produkt der Identifikation mit dem Körper. Man ist kein Opfer der Vergangenheit mehr. Stattdessen bleibt ein bewusstes Wesen zurück, das in der Lage ist, zu erkennen, was es in das Holoversum einbringt.

Jegliche Verbindung mit dem Bewusstsein des Körpers löst sich langsam auf, da wir nicht länger Opfer von unterbewussten Mustern sind. Wenn wir nicht mehr von den Schattenaspekten getrieben werden, kommen wir zur Ruhe und finden mehr Frieden mit der Realität, die wir gerade erschaffen. Sie basiert nicht mehr auf Konflikten oder persönlichen Bedürfnissen, denn das, was wir in das Holoversum einbringen, enthält keine Aspekte von Konflikten, Angst oder begrenzten persönlichen Vorlieben mehr. Wenn wir diese Aspekte nicht mehr in die Wahre Natur des Geistes einbringen, bekommen wir sie auch nicht mehr zurück. Wenn wir sie nicht mehr zurückbekommen, gibt es nichts mehr zu tun, was die Aspekte der sich manifestierenden Realität betrifft.

Alle Probleme, die wir vorher erlebt haben, manifestieren sich nicht mehr, weil wir dem, der sie ursprünglich geschaffen hat, keine Energie mehr geben. Und so werden wir uns dessen bewusster, was wir in die Suppe geben. Nach dem Tod des Körpers ändert sich nichts. Die Energie, die uns antreibt, nimmt an Intensität ab und gibt uns Zeit, über das nachzudenken, was wir in die Suppe getan haben.

Je weniger Ladung noch in uns vorhanden ist, wenn der Körper stirbt, desto anders wird der Bardo-Zustand sein. Wenn wir nicht mehr mit dem Körper verbunden sind und kein Verlangen nach mehr haben, kann auch keine Ladung mehr in die Wahre Natur des Geistes eingespeist werden. Dann können wir in diesem Zustand ruhen und vielleicht eine Evolution der Seele erleben.

Das ist der Zustand ohne Tod.

Dies sind meine Gedanken, meine Erkenntnisse und sollten als solche betrachtet werden. Sie sind nicht das letzte Wort, sie erheben nicht den Anspruch, die Wahrheit zu sein, sondern sind nur Wahrnehmungen, während ich durch die vielen Veränderungen gehe, die dieser Weg mit sich bringt.

Ich bin mir sicher, dass es immer noch Veränderungen gibt, die ich durchlaufen muss. Geduld und Übung sind der Schlüssel zur Veränderung. Hältst du am Alten fest, bleibst du in der Vergangenheit. Lass die Vergangenheit los und tritt in eine neue Zukunft ein. Keine Zukunft, die aus einer Revolution entsteht, sondern durch ein Feuer im Herzen, das die alten konditionierten Lebensweisen weggebrannt hat.

Wenn die Tür einmal offen ist, kann sie nie wieder ganz geschlossen werden.

Über den Autor

Eric Dowsett verfolgt und entwickelt den Weg des "Clearing" seit 1990.

In dieser Zeit hat er weltweit unterrichtet und sein Verständnis dieser Lebensweise weitergegeben.

"Clearing" kann mit der buddhistischen Praxis der Akzeptanz verglichen werden. Indem er dieser Lehre folgte, hat sich sein Verständnis davon, welchen Platz wir alle in dieser Welt einnehmen, grundlegend gewandelt – was nicht nur ihm selbst, sondern auch all jenen zugutekommt, mit denen er in Kontakt kommt. Im Laufe der Entwicklung seiner Praxis verschwanden seine Urteile und wurden durch größeres Mitgefühl ersetzt. Dies hat sich zu einem wirkungsvollen Instrument entwickelt, das dazu beiträgt, mehr Gleichgewicht in das Leben der Menschen und in die Umwelt zubringen.

Die Reise geht weiter, dieses Buch ist eine Reflexion über sein derzeitiges Verständnis des buddhistischen Wegs zum "Zustand ohne Tod".

Eric ist auch Autor von:

The Moment That Matters/deutscher Titel: Indras Netz

Loving Who Shows Up

First Aid: A Guide to Greater Health and Happiness

BOX, What Box?

Collapsing the Wave/deutscher Titel: Die Türe zu einer neuen Wirklichkeit

In Search of the Death-Less State

Erfahre mehr über Eric und Clearing unter:
www.ericdowsett.com

www.ingramcontent.com/pod-product-compliance
Lightning Source LLC
LaVergne TN
LVHW090949080826
845145LV00003B/946

* 9 7 8 0 6 4 8 2 7 0 6 3 8 *